江苏省教研室第十一期重点课题
"团体辅导对初中留守儿童学习倦怠的干预研究"成果之一

扬派班主任书系

丁文宏 著

点亮心灯

南京师范大学出版社

图书在版编目(CIP)数据

点亮心灯/丁文宏著. —— 南京:南京师范大学出版社,2017.3
ISBN 978-7-5651-3169-1

Ⅰ.①点… Ⅱ.①丁… Ⅲ.①教育-随笔-中国-文集 Ⅳ.①G52-53

中国版本图书馆 CIP 数据核字(2017)第 041041 号

书　　名	点亮心灯
作　　者	丁文宏
责任编辑	翟桂叶
出版发行	南京师范大学出版社
地　　址	江苏省南京市宁海路 122 号(邮编:210097)
电　　话	(025)83598919(总编办)　83598412(营销部)　83598297(邮购部)
网　　址	http://www.njnup.com
电子信箱	nspzbb@163.com
照　　排	南京理工大学资产经营有限公司
印　　刷	盐城市华光印刷厂
开　　本	787 毫米×960 毫米　1/16
印　　张	15.75
字　　数	258 千
版　　次	2017 年 3 月第 1 版　2017 年 3 月第 1 次印刷
书　　号	ISBN 978-7-5651-3169-1
定　　价	40.00 元
出版人	彭志斌

南京师大版图书若有印装问题请与销售商调换

版权所有　侵权必究

学富五车自可骄
习而不辍更英豪
高处本是枭雄地
级拾远上九重霄
教海弄潮千秋业
师从孔圣志赶超
——祝新年快乐

二〇〇六年十二月

学富五车自可骄
习而不辍更英豪
高处本是枭雄地
级拾远上九重霄
教海弄潮千秋业
师从孔圣志赶超
——祝新年快乐

——余如进（原扬州市教育局局长）

注：这是余如进同志2007年元旦致全市高级教师的新年贺词。

扎根农村不徘徊,盏盏心灯点起来。
默默耕耘育新苗,一抹晨曦映庄台。
交心似友意真诚,爱生如子情豪迈。
蓦然回首四十载,桃花李花遍地开。
为丁文宏老师点赞!

——张贵联(扬州市委宣传部副部长,扬州市文明办公室主任,原广陵区教育局局长)

精心撰写评语诗,
帮助学生立宏志。
引导弟子渐完善,
奠定强国万年基。

——金龙(扬州市教育名师工作室中小学班主任室领衔人,邗江中学副校长)

播撒理想的种子——贺丁文宏《点亮心灯》出版

扛起智慧的犁耙,翻耖希望的土沙。
播撒理想的种子,浇灌意志的雨花。
清除思想的杂草,绽开习惯的奇葩。
讲述教育的故事,建设生命的构架。

——钱晓晴(扬州市江都区第二中学校长)

总结教育成功的经验
反思工作失败的教训
记录学生成长的过程
享受自己成功的快乐

——王端骏（扬州市广陵区霍桥学校校长）

花园里每一朵鲜花的盛开，都离不开园丁辛勤的栽培。

——应爱民（扬州市教育学院附属中学校长）

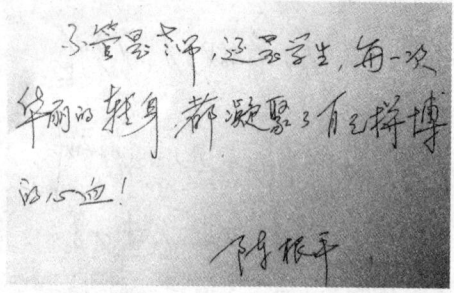

不管是老师,还是学生,每一次华丽的转身,都凝聚了自己拼搏的心血!

——陈根平(扬州市广陵区汤汪中学校长)

实施班级团体辅导
进行有效心理干预
促进身心健康发展
培养祖国栋梁之材

——佘军民(扬州市广陵区头桥中学校长)

◎ 序　言 ◎

丁文宏老师将执教这届关门弟子的点点滴滴，和多年来班主任工作的手记提炼梳理，形成了《点亮心灯》这本书。品读这些文字，我们看到了一个真正扎根于教学一线的可亲可敬又可爱的倔强不服输的老教师形象——他关爱学生，认为成人比成才更重要；他不断学习，关注前沿的教育教学理论；他细致入微，排解一个个学生的心理问题；他默默耕耘，用自己的点滴力量改变学生，挽救了一个又一个徘徊在失足边缘的学生。我们对丁老师在三尺讲台上的辛勤耕耘和真情付出感到由衷的敬佩。

扬州市汤汪中学是非常典型的城乡接合部初中，学生绝大多数来自于安徽、山东、湖南以及江苏苏北地区。这些学生家庭背景十分复杂，不少学生知识基础薄弱，行为习惯不太好，做事缺少责任心，学习没有明确的目标，更谈不上远大的理想。

为了改变这种现状，丁文宏老师参加了由头桥中学孙正祥副校长和汤汪中学宫明老师主持的江苏省教研室第十一期重点课题"团体辅导对初中留守儿童学习倦怠的干预研究"，取得了可喜的成果。

丁老师从整理学习资料入手，培养学生的良好习惯；从明确学习目标入手，树立学生的崇高理想；从思考质疑入手，指导学生的学习方法；从讲述励志故事入手，培养学生的顽强毅力。

丁老师在引导学生阅读文学名著、参观美丽风景、采访名人事迹、参与社会实践、举办展览等丰富多彩的活动过程中,让孩子们拓宽视野,陶冶情操,受到深刻的教育。他还结合自己是一个语文老师的特有的优势,把让学生写检查改变成让学生写出一篇篇生动的作文,让学生既享受到写作成功的快乐,又在反省中受到深刻的教育。学生从天真幼稚的孩童蜕变成懂事勤学的少年,丁老师与学生一起撰写成长故事,使学生从一篇篇文质兼美的习作中受到潜移默化的教育。

2014—2015学年第一学期期中考试后,丁老师发现传统式的评语已经不能适应新时期的教育要求,决定用诗歌颠覆传统评语。从这年寒假开始,他一改往日的传统评语,用别具一格的律诗形式写评语,全面客观地评价班上每一位学生,每一句诗里面都饱含着浓浓的爱,透露出对学生的鼓励与期待。每一首诗里不仅有对学生的家庭状况的体现,还对学生的性格、学习状况以及努力的目标提出了看法。短短的律诗评语在家长当中引起了共鸣,也在全国各种媒体中引起了轰动。丁老师还根据学生自我完善的具体状况和进度,不断修改律诗评语,直到学生和家长满意为止。到初三毕业时,这些律诗评语就作为老师对学生的临别赠言留给学生珍藏。学生和家长都很看重这种律诗评语,因此,学生言行的改变也比较快。

但事情不可能总是一帆风顺的,有一些原来行为习惯差的调皮学生经常"旧病复发",丁老师费了九牛二虎之力帮助他们培养起来的一些好习惯,往往昙花一现后"老龙归旧窝"。

一辈子不服输的丁文宏老师屡败屡战。一次次风雨兼程的家访,感动着每一位家长;一封封情深意长的书信,改变着每一个学生;一回回不厌其烦地与学生促膝谈心,温暖着每一颗心灵。同学们把老师的"爱心"变成自己的"信心",把老师的"耐心"变成自己的"细心",把老师的"恒心"变成自己的"专心",从幼稚走向成熟,从自卑走向自信,从失败走向成功。丁老师的学生不仅成了一个个写作达人,语文成绩有非常明显的进步,各科总分也有了大幅提升;学生还有了明确的升学理想,他们写给老师的一首首的诗歌中充满了对老师的感激和崇敬之情。

汤汪中学丁文宏老师坚持一年多,持之以恒地撰写了近十万字的班主任手记,精神可嘉。他不但真切地记录了家访的收获,教育的过程、方法、成败,记录了学生成长的过程,还总结出了成功的经验,反思了失败的教训,明确了前进的方向。

这本书是学生成长的记录袋,是学生、老师和家长共同智慧的结晶。但愿她的出版能对中小学的班主任及学生家长有所启迪。

陈 萍

(扬州市教育科学研究院小学幼教教研室主任,中国教育学会班主任专业委员会主任委员,教育部中小学教材审查委员)

2016 年 9 月 30 日

目 录

◎ 序 言 / 1

引子 诗歌评语,红遍全国媒体

◎ 用律诗评语引导学生走向成功 / 3
◎ 汤汪中学一老师期末评语火了 29位学生用了29首诗评价
　　　　　　　　　　——扬州网2017年1月4日报道 / 5
◎ 老师用诗写评语 让29个叛逆娃变"学霸"
　　　　　　　　　　——华西都市报特稿 / 8
◎ 红遍媒体
　　　　——全国120多家各种媒体报道、转载,网友纷纷点赞 / 13

第一辑 为你写诗,放飞孩子梦想

◎ 让阻力变助力 / 19
◎ 让犟驴变温顺 / 27
◎ 让粗鲁变细腻 / 36
◎ 让学霸真学霸 / 41
◎ 化腐朽为神奇 / 46
◎ 让痞子变才子 / 59
◎ 让曲径变通途 / 68
◎ 让暗恋变动力 / 71
◎ 让幼稚变成熟 / 75
◎ 让潜能充分发挥 / 79
◎ 让自信生根发芽 / 84
◎ 以自己的形象给同学树立良好的榜样 / 88

- 被诗歌激起斗志 / 91
- 点亮学生拼搏的心灯 / 94
- 点亮学生练习硬笔书法的心灯 / 97
- 教育学生坦然面对家庭的不完整 / 99
- 爱生如子要落实在具体行动上 / 102
- 体验作业改变了学生 / 105
- 家庭特别困难的要给予经济上的资助 / 108
- 点亮学生参与竞争的心灯 / 110
- 让远大的理想插上飞翔的翅膀 / 113
- 帮助男生在文科上下功夫 / 115
- 要和学困生交朋友 / 117
- 让孩子跟上班级的节拍 / 119
- 让家长负起培养孩子的责任来 / 121
- 培养孩子的责任意识 / 123
- 培养学生的耐挫力 / 125

第二辑　爱生如子，乐在事业之中

- 团体辅导有助于改变初中学生学习倦怠的现状 / 129
- 向过程管理要质量，引导孩子走上正路
  ——家长会讲话稿 / 132
- 用爱心筑起学生遵章守纪的钢铁长城 / 136
- 将"爱"进行到底 / 139
- 用老师的耐心唤醒学生的责任心 / 143
- 过好寒假，充实自我，快乐过年 / 146
- 中学生应该养成良好习惯 / 150
- 从物品有序摆放抓起 / 152
- 抓好班级奖励条例的制定与落实 / 154
- 成人永远比成才更重要 / 156
- 学生心灵脆弱，爱心架起天桥 / 160
- 曲径通幽，柳暗花明 / 162
- 照片风波 / 164

千里马、常马与骡子 / 166

留守儿童 / 168

宽容学生就是善待自己 / 170

自省融入作文,矫正扭曲心理 / 172

为孩子的每一点优势而欢呼 / 177

不能轻易将犯错误的孩子赶回家 / 179

学生渴望夸奖 / 181

校有"才女"初长成

——记"江苏省三好学生"赵同学 / 183

留下一则赠言　洒下一片真情 / 185

提供优质服务　保证同舟共济

——班主任要善于调动任课老师管理班级的积极性 / 192

踏踏实实做大写的人,兢兢业业干平凡的事

——读《走进教育家苏霍姆林斯基》有感 / 194

爱,让教室的奇迹随时发生

——读《第56号教室的奇迹》有感 / 199

孔子的教育方法新用

——读《孔子做人做事智慧全集》有感 / 202

忠于职守、乐于奉献的赞歌

——评冯四良创作的《关角山哨所小唱》/ 204

室外飞雪天地冻,室内挥毫暖意融 / 206

教师,我光荣 / 208

春风化雨育新苗,润物无声结硕果

——扬州市广陵区师德演讲比赛稿 / 210

是螺丝钉,就要发挥它应有的作用 / 213

"教不好"与"不会教"之我见 / 215

认清形势,树立信心,再创辉煌

——在学校初三动员会上的表态发言稿 / 217

附　录 / 220

后　记 / 235

引子
诗歌评语,红遍全国媒体

◎ 用律诗评语引导学生走向成功 ◎

2014年9月我接手初一(4)班(励志班),任班主任。这个班共32人,在全区摸底考试中,语、数、外三科都及格的只有8人。

经过第一轮家访,我了解到的学生情况大致如下:父母离异的学生1人,父母已近60岁的学生3人,从来没有叫过父母的学生1人,有过早恋经历的学生1人;亲哥姐在20岁前就结婚生子的3人;母亲在16岁前就生子的1人;父母虽在身边,但因做生意整天见不到父母的4人。学生的行为习惯普遍较差,不少学生屡教难改。

但是我相信,只要"精诚所至",定能"金石为开"。

我虽然已接近退休,但工作仍然要创新。我发现传统式的评语已经不能适应新时期的教育要求,决定用诗歌评语颠覆传统评语。

"身无彩凤双飞翼,胸有明镜决心显。服从分工顾全局,遵守纪律当模范。勤学苦练弃玩耍,争分夺秒意志坚。成绩优异人钦佩,再苦再累心也甘。""黑衣女孩陈某某,俨然一个假小子。雷厉风行效率高,手脚麻利为集体。环境影响人成长,家庭教育很严厉。一生好景君须记,最是青春年少时。"

律诗评语,都是根据学生的特点并以赏识为主来写,即使是学生的缺点,也都用比较幽默、委婉的词句来表达。班上的学生李同学激动地说:"真是太佩服丁老师了,我还是头一次收到这样的评语。评语中,字字精湛,句句传神,每个字都倾注了丁老师对我们的爱和付出,此时已无法用语言表达对老师的感激,遇到如此负责任的老师是我们的幸运。"作为班主任,就要用爱心助推孩子走向成功。

我认为,要做一个合格的班主任,首先要有爱心。在家不尊重父母,甚至从来没叫过一声"爸、妈",经常离校出走,这是刚开始大家对张同学的印象。在张同学的2014年的学期报告书上有这样一段评语:"祖父溺爱张某某,我行我素乐逍遥。屡教不改再犯错,以死相逼拒管教。浪子回头金不换,重新做人师长笑。"这半个学期,我除了家访之外,经常与张同学交流,从心理、情感、意志等方面进行正面引导,排除他的心理障碍。我说:"狗不嫌家穷,儿不嫌母丑。你母亲腿不方便,没有工作,但她一个人要照顾你们全家六口人,你作为儿子,逐渐长大成人,应该好好孝敬她才是。"后来,他的成绩从全班20名上升到前10名,现在又在冲刺前5名。十三年来,他第一次当着我的面,开口叫了"爸爸、妈妈"。时隔半年,我对他的评语就发生了改变。"平时学习很轻松,俨然一个小神童。争分夺秒忙读书,语言流畅是真功。时好时坏时清醒,常错常改常感动。树立信心更阳光,大胆发言让人懂。"这个学期(初三上学期)以来,他已经成为同学学习的榜样。

家长感到非常意外,又非常感激,认为这是一件可喜可贺的事,当时就准备请我吃饭,我说:"这顿饭我迟早是要吃的,但不是现在,也不是你说了算。只有你儿子张某某说话才算数,即拿到四星级高中的录取通知书以后。"这实际上是给孩子一个努力的方向,一个奋斗的目标。

◎ 汤汪中学一老师期末评语火了 29位学生用了29首诗评价 ◎
——扬州网2017年1月4日报道

临近期末,除了期末考试,班主任老师们还有一项重要任务:为学生写评语。因为是对一个学期的全面评价,不仅学生们很看重,家长们也很期待。最近,汤汪中学初三(4)班语文老师丁文宏写的评语就火了,因为形式耳目一新,被同学们纷纷加以珍藏。

29个孩子29首"诗"评语

姜同学:良好德行要培养。
陈同学:手脚勤劳朗诵迷。
……

班上29个学生,评语共有29首诗歌,这些诗歌简短押韵、通俗有趣、朗朗上口,总结了每位学生的个性特点、学习习惯,并且所用诗歌不重复。

"我平时很爱中国古代诗词,作为语文老师,应该用中国最美的文字去表达、教育学生,这样也可引导孩子们对文字的热爱,对自己品行的重视。"丁文宏老师60岁,是特级教师,也是扬州作协会员。他告诉记者,通俗易懂、朗朗上口的诗歌读起来也易理解,可以引发孩子关注的兴趣,触动学生自己发现问题,改正缺点。

韵律诗令孩子更健康阳光

"祖父溺爱张某某,我行我素乐逍遥。不服老师惜才管,恩将仇报离校跑。"

这首诗说的是张某某同学,他有点叛逆,也有一些坏习惯。可在丁文宏老师眼中,张同学有股子聪明劲儿,是可造之才。为了矫正张同学的毛病,丁文宏老师上门家访,和张同学父母一起沟通教育方法。

两年多前,丁文宏刚刚接手这个班时,班级状况让他很担忧:"班上大多数学生是外来务工人员的子女,由于平时缺少管教,身上确实有一些毛病,我觉得应该用一些特别的方式,唤醒他们的责任心以及对学习的兴趣,于是我就尝试用韵律诗写评语。"

记者了解到,丁文宏的诗歌评语,都是根据学生的特点并以赏识为主来写,即使是学生的缺点,也用比较幽默、委婉的方式来表达。"读丁文宏老师的评语,就像朋友跟你谈话一样。"初三(4)班学生张同学说。

记者了解到,如今张同学收敛了顽习,刻苦学习,成绩排在年级前5名。这下,丁文宏老师的评语也变了:"争分夺秒忙读书,语言流畅是真功。学得稳健有进步……"

全班人人是"写作达人"

受到丁文宏老师影响,在初三(4)班,背诵默写经典美文成了学生的一大爱好。凡是丁文宏老师教过的学生,通过读写实践,写作水平都会提高一个档次,让同年级同学刮目相看。

写作除了积累文字之外,丰富多彩的生活也是关键。丁文宏老师要求,初一年级学生要写日记,打好单项训练的基础后再写作文。

"按照传统,一道作文题让全班29名孩子来写,有一半以上的孩子写不出感情,作文题目和学生生活没有一点关系,导致孩子不愿写,写不出真实水平。"因此,丁文宏根据班级孩子不同的生活背景,布置不同的作文题目,便于孩子们写出自己真实的经历和感受。班上刘同学的父亲是卖菜的,他经常帮着父亲出摊,丁文宏让他写《我的父亲》。这篇作文因为真情实感,感动了全校很多学生。

"由易而难的有序训练,多种形式的批阅点拨,卓有成效的升格措施,有助于提高学生写作水平。"丁文宏如是说。

三年"韵律诗"作毕业礼

在平时工作中,丁文宏发现,学生的生活是从家庭到学校两点一线,单调而枯燥,作为班主任要设法让学生的生活变得丰富多彩。

于是,学生跑操,他跟着一起跑,既维持了纪律又锻炼了身体。元旦期间,丁文宏组织学生举办以"走向青春,走向成功,走向辉煌"为主题的才艺展示,老师现场进行书法表演,并将书写的三副勤学励志春联赠送给三个节目主持人,把书法作品盖上印章后奖励给书法进步明显的同学,这大大调动了学生学习的积极性。

"这种写评语的方式会一直坚持到这届学生毕业,作为临别赠言送给孩子。"丁文宏说。

(记者 刘冠霖)

◎ 老师用诗写评语 让29个叛逆娃变"学霸" ◎
——华西都市报特稿

江苏扬州市汤汪中学的丁文宏老师从教初一时就开始给学生写"评语诗",近三年来他为班上29位学生量身打造了29首"评语诗",每学期再根据学生的表现进行修改。因为形式耳目一新,他写的"评语诗"不仅让班里的叛逆娃变身成"学霸",还获得了众多家长和网友点赞。近日,丁文宏把"评语诗"收录到他所著的即将出版的《点亮心灯》一书中,将当作毕业礼物送给班内学生。

对症下药,尝试用诗写评语

丁文宏,1957年9月20日出生于扬州南郊霍桥乡高桥村。高中毕业后,于1978年11月考取扬州师范学校,毕业后一直从事教育工作,现为扬州市广陵区汤汪中学初三(4)班班主任。丁文宏说,2014年8月他接管这个班时,原本打算利用多年的从教经验,把自己掌握的知识毫无保留地教授给孩子们,希望为孩子们考高中、大学打好基础。但接手这个班不久,孩子们的状况令他非常担忧:"班上有95%的学生是外来务工人员的子女,家庭情况复杂,流动性大,行为习惯差,学生知识基础薄(全校四个班,全区第一次摸底考试,全校均分在全区倒数第一)。"

"到底采取什么样的教育方式好呢?年轻孩子身上存在的毛病真的无解吗?"一时间,丁文宏这位从事多年教育工作的特级老师犯难了。

一天,丁文宏饭后闲来无事,喜欢舞文弄墨的他坐下来随手翻看起桌子上的日记本。"文章气须宏,立志当称雄。更有慈母意,循循育童蒙。"这是丁文宏读书时的语文老师兼班主任陈汝同老师写给他的临别赠言。数十年来,丁文宏一直把陈老师写给他的这首五言绝句当成座右铭。

那晚,翻看着老师写给他的五言绝句,他又联想到现实生活中有的老师习惯从网上下载现成的评语,稍作修改即变为班内学生评语的问题。因为下载打印的评语缺少个性,很多学生并不感兴趣。因此他想,这是他带的最后一届学生,是关门弟子,如不来点创新,一是把这些孩子的良好习惯培养起来,二是给这些孩子留下深刻的印象。

"我平时很爱中国古代诗词,而作为语文老师,也应该用中国最美的文字去表达、教育学生,这样既可引导孩子们对文字的热爱,又能引导孩子们对自己品行的重视。对于正处在叛逆期的孩子,就应该用特别的教育方式,来唤醒他们的责任心以及对学习的兴趣。"于是,从那时起丁文宏老师决定尝试用诗来给学生写评语。

量身定制,叛逆娃娃成"学霸"

对于丁文宏来说,写诗固然容易,但给班里每位学生量身定制写好评语诗并非易事!这就要求他不仅有扎实的文字基本功,还要把每位学生"吃透"。丁文宏意识到:学生的生活是从家庭到学校两点一线,单调而枯燥,作为班主任最主要的就是应该设法让学生的生活变得丰富多彩。

很快,他就通过与学生"零距离"接触,大大调动了学生的学习积极性,逐渐掌握了学生的性格特点、家庭情况等信息。

"郁郁葱葱挡恶泥,红梅雪映志为梯,惜时勤问攻理数,抓紧钻研解困题。"这是丁文宏写给学生郁同学的评语。之后,班上29个孩子,很快都收到了属于自己的评语诗。

丁文宏介绍说:"我自初一时开始给学生写'评语诗'至今,现在大家看到的评语诗,已经是五易其稿了。其间,为了做到给每个学生量身定制评语诗,我要提前进行家访,全面了解学生的生活环境、行为习惯、家庭背景、父母工作等情况;还要跟学生促膝谈心,走进学生心灵;写好初稿后,再征求学生和家长的意见。后来每学期,主要是根据学生的变化情况,再进行修改。"

不过,因为当时"学生并没有定型",所以丁文宏只考虑一二四六八句的押韵和中间颔联和颈联的对偶,没有考虑平仄。他觉得考虑平仄后,语序要有一些变化、调整。直到初三第一学期,他才按照平仄要求,为每个学生的"评语诗"推敲平仄。

因为孩子当时问题较多,所以他就特别注意:既要肯定成绩,更要反映问题,提出希望,不仅要语气委婉,感情真挚,还要有赏识教育,起到"治病救人"的效果。丁文宏说:"这个过程是学生自我教育、自我完善的过程,效果很好,学生的变化也很大。初三第一次区统考,我们班的总均分已经超过了本区最好的一所民办学校的校均分,广陵区公办学校前100名也有了5个人。"

"祖父溺爱张某某,我行我素乐逍遥。不服老师惜才管,恩将仇报离校跑。"这首诗描写的是初一时的张同学,当时他有点叛逆,在全年级排名倒数。但在丁文宏眼中,张同学有股子聪明劲儿,是可造之才。为了矫正张同学的毛病,丁文宏不仅三番五次上门家访,还和他父母一起琢磨教育方法,在张同学犯错时,也不再一味地硬性惩罚。

如今张同学收敛了顽习,刻苦学习,成绩排在年级前5名。对此,丁文宏的评语也变了:"争分夺秒忙读书,语言流畅是真功。学得稳健有进步……"

张同学感慨地说:"读丁老师的评语就像朋友跟你谈话一样,并没有像有些老师一样高人一等,特别容易让人接受……"

河南郑州网友东途环球一同生说,这样用心的老师越来越少,但是真正的优秀者,还是不会被埋没的;江苏网友756064D7E49A点赞道,这样的人才配得上"老师"两个字;山东济南网友ANY安静则说,诗言志,动之以情,晓之以理。

润物无声,人人成"写作达人"

"由易而难的有序训练,多种形式的批阅点拨,卓有成效的升格措施,有助于提高学生的写作水平。"

丁文宏说:"按照传统,一道作文题让全班29名孩子来写,有一半以上的孩子写不出感情。作文题目和学生生活没有一点关系,导致孩子不愿写,写不出真实水平。"因此,丁文宏根据班级孩子不同的生活背景,布置不同的作文题目,便于孩子们写出自己真实的经历和感受。班内学生刘同学的父亲是卖菜的,他经常帮着父亲出摊,丁文宏让他写《我的父亲》,这篇作文因为真情实感,感动了全校很多学生。

除此之外,为让学生积累更多的文学知识,丁文宏还经常收集名家作品。

一次,他为了买到江苏一位女作家新出版的散文集,骑着电动车跑了好几家书店才如愿。他说,每次阅读到经典美文,他先是自己认真品读,然后把自己的所想所感写下来,再抽时间教给班里的学生。

功夫不负有心人。在丁文宏"特别教育"的影响下,现在他所任班主任的初三(4)班,背诵默写经典美文成了学生的一大爱好。如今,丁文宏班里的学生,通过读写实践,写作水平都提高了一个档次,人人成了"写作达人"。

学生张同学写的《十年扬马,与城同庆》、郁同学写的《一则旧日记》都发表在《全国优秀学生作文选》扬州版上。最让丁文宏欣慰的是,郁同学写的《留香》不仅发表在《语文报》中考版上,2016年底郁同学还代表广陵区参加扬州市中学生与社会现场作文大赛获作文一等奖(广陵区公办学校唯一的一等奖)、诗歌二等奖,后来又代表扬州市到省里参赛,最终获得了江苏省作文大赛二等奖的好成绩。

"在赏识教育大行其道的当下,我认为评语也是教育学生的一种重要方式,可以起到鼓励学生扬长避短,发现自身潜能和闪光点,体验成功的喜悦,激励进取,促进成长的重要作用。评语也是师生间一次面对面的总对话,一次心与心的总交流,既可以检验班主任对学生的了解多不多、深不深,班主任工作职责是否到位;也可以让学生清楚自己在班主任心中的印象,了解自己和老师的关系如何。"丁文宏如是说。

出版诗集,当毕业礼物送学生

2016年丁文宏加入了扬州市作家协会。其实,因为热爱古诗词和写作,丁文宏很早以前就在全国中文核心期刊发表过论文,其中有两篇被收到教育部主管的《初中语文教与学》杂志中,专著《开辟绿色写作通道》获得扬州市社科联三等奖。他先后主编过《成功作文心理探究》《精读乐写》《初中作文全能学案》《初中国学经典诵读精选》,还特约主编《中考满分作文深度解密》全命题和半命题部分。

在教育事业上的执着付出,也让丁文宏先后获得了邗江优秀教育工作者,扬州市郊区优秀教师,广陵区优秀教师,扬州市第三批语文学科带头人,扬州市首批初中语文特级教师,《语文报》中考版"全国中考语文命题中心研究员",文宏成功作文工作站(江苏省一等奖网站)掌门,中国名师联盟·希望工程园丁奖获得者等荣誉。

丁文宏说："这是我带的最后一届学生，尤其是接管这帮孩子后，从最初的担心，到后来用诗写评语带来的可喜变化，让我感慨颇多。所以我想把之前发表的作品结集出版，最主要的还是想将三年来为学生们所写的'评语诗'收录其中，将来作为毕业礼物送给学生，也好给自己多年来的教学工作画上一个圆满的句号。"

目前，由丁文宏所著、定名为《点亮心灯》的书稿，已交给南京师范大学出版社，很快就将出版。丁文宏说，这本书只有少量他以前做班主任的成功案例和班主任心得，最主要的是记录了他写评语诗的这个班的教育故事。出书不是为了出名和利益，只是让老师和家长详细了解，怎样才能将一个个幼稚调皮的孩子教育成人，教育成才。

媒体报道

◎ 红遍媒体 ◎
——全国120多家各种媒体报道、转载，网友纷纷点赞

经扬州当地的媒体报道后，本人用七律写评语的事情走红网络，被全国120余家电视台、电台、报纸、网站等转发。如电视台、广播电台，有扬州电视台、央视网直播贵阳1台、泸州新闻、安徽卫视、杭州广播电台等；报纸类，有《扬州时报》《扬州晚报》《现代快报》《扬子晚报》《人民日报》《海峡都市报》《重庆晨报》等；网站类，有现代快报网、南海网、华龙网、人民网上海频道、网易新闻、东方网、凤凰江苏等百余个网站。

媒体的报道也引起了网友的热议，网友们纷纷点赞。现撷取一些呈现如下：

霍桥74届高中毕业生群

这是你的荣誉，更是你的成果。相信你的学生定能终身受益，永远不会忘记你。

——戴万华

丁老师，你是我们的楷模，是我们的骄傲，是我们学习的榜样，是我们这个群里最富有的人。你用实践再一次证明：是金子总会发光的。

——顾章珍

师范同学群

文宏同志才是我辈学习的楷模!以毕生之精力献给党的教育事业,生命不息,战斗不止!

——田瑾

诗作赛文豪,敬业人称道。文光须趁早,宏业莫待老。

——曾天清

扬派班主任群

太有文化了。

——教院附中吴雪婷老师

不叫文化,叫学养。是我们语文老师学习的榜样!

——邗江中学金庞校长

以后可以不定期地在群里开展微讲座。

——翠岗中学张志强老师

看完后,肃然起敬!丁老师在班主任工作上的执着和热情值得我学习。

——附中东校蔡海峰老师

扬派班主任群里有学术探讨的深度,有情怀教育的高度,有激情浪漫的热度,还有人情关心的温度。谢谢大家!

——曹甸高中赵格芳老师

江苏教育专家群

丁老师退休的人了,还在思考,向您学习!

——南京树人学校物理特级教师汤金波

其他网友评论

这样用心的老师越来越少,但是真正的优秀者,还是不会被埋没的。

——东途环球一同生(河南郑州网友)

这样的人才配得上"老师"两个字！

　　　　　　　　　　　　　——756064D7E49A（江苏网友）

诗言志，动之以情，晓之以理。

　　　　　　　　　　　　　——ANY安静（山东济南网友）

给老师们点赞，学生们一定要考好啊！

　　　　　　　　　　　　　——Ei期刊（北京网友）

为丁老师点赞。也来一首小诗：一段评语一首诗，分清娃娃非与是；妙笔生花绘众生，匠心独运丁老师。

　　　　　　　　　　　　　——AK20161

"别人家系列"之语文老师……最文艺老师写"点评诗"走红网络！

又是别人家的老师，羡煞小伙伴！

看到这条新闻的网友们表示不淡定了，称赞的同时，感慨道，为啥我遇不到这么好的老师呢？

gongan：遇到这样的老师，是孩子们的福气！跟随恩师学本领，跨入社会步步高！

孙振童鞋：方法真的不错，一举两得，这位语文老师很用心。

杭先生：果然有文化才可以更好地做网红。

连花清瘟治感冒：好老师！！我当初要遇到这样的老师，少走多少弯路。

重医整形张劲博士：这个老师很善于观察每一个学生。事实证明在每一个岗位上只要付出了真心，得到的总是满足的快乐。

　　——《中国日报》今日头条撷取的网友评论（2017年1月6日）

媒体报道的照片撷取

第一辑
为你写诗,放飞孩子梦想

◎ 让阻力变助力 ◎

七四班上一嫩姜,玉宇澄清万里香。驱除异味虫难入,聚精会神书海藏。
学业有成不掉队,主持节目口成章。取长补短渐完善,插上翅膀尽翱翔。

——姜同学初一第一学期的评语

姜同学自己说:"进入初中后,我发生了巨大的变化,从老师管理的重点对象变成了老师的得力助手。是班主任用爱心点亮了我的心灯。"

加强班干管理

姜同学是沭阳人,父亲是一名货车驾驶员,母亲是扬州某商场的营业员。他最大的优点是阅读面广,语言表达能力强,能够主持班级各种活动,所以一进校就被指定任副班长,主抓学习、纪律、宣传等工作,但是很多地方对自己要求不严格,因此需要班主任不断提醒,加强管理。

点亮正直做人的心灯

一次默写时,姜同学打开书偷看,被发现后还不能虚心接受老师的批评。放学后,我约谈了来接孩子的父亲。他见到忙碌了一天,一脸憔悴的父亲后不知所措,不过犹豫再三,还是吐露了实情。父亲知道真相后,顿时如河东狮吼,上去就是一个响亮的耳光;正要再打时,被我一把拉住。当时,孩子就承认了错误。他的心中除了后悔、自责，还有对老师严格要求和阻止父亲暴打的感激。

2015年末，为迎接2016年元旦，我让学生们举行庆祝活动。那天正好学校有个会议，我必须提前离开活动现场，离开前，我将注意事项交代给班长：活动结束后，如果已经到六点钟，我还没有来，就放学。后来，我在五点五十分时赶到现场，教室只剩下两个正准备锁门的孩子。我想，等下周一再说吧。到了晚上我吃过晚饭，姜同学的母亲打电话来了，说是孩子在帮一个同学写作业，我接过电话，查问原因，姜同学在电话中吞吞吐吐地说："我提前走了，防止张某某告密，就答应帮他写作业了。"我挂断电话后，立即给张某某家长打了电话过去。事实恰恰相反。真实情况是，姜同学是为了抄张某某的英语作业。后来，他又因与张某某打斗，且成绩下降，被降为宣传委员，取消了享受助学金的资格。被狠狠地批评过以后，该生才知道要正直做人，起好模范带头作用，成绩才有所上升，一学期以后，他又恢复了副班长职务和享受助学金的待遇。在一次以"感激"为题的作文训练中，他这样写道："感谢班主任帮我悬崖勒马，感谢班主任让我免受一顿皮肉之苦，也感谢班主任点亮了我胸怀坦荡，正直做人的心灯。"

点亮快乐读书的心灯

父母培养了该生从小就爱读书的好习惯，但他都是一目十行，不求甚解，写作虽然语句通顺，但叙述性语言多，描写性语言少。进初中后，我与孩子一起读书，一起批注，一起交流。在《汤姆索亚历险记》中，陪主人公一起冒险，一起欢乐；在《西游记》中，一同领略师徒四人历经千难万险，终成正果的风采，一起写催人奋进的读后感想；在《钢铁是怎样炼成的》中，一同与保尔感受磨炼的艰辛，一同背诵名言佳句；在《水浒传》中，一同体验"哪里有压迫，哪里就有反抗"的经历，一同探知取胜需要智勇双全的道理。写作中，尽可能以读书为题材，读书报告会上，让他展示风采，同学们对他佩服不已，刮目相看，有效树立了他在同学心目中应有的地位，他也感到自豪，这就点亮了孩子认真读书、快乐读书的心灯。

点亮乐于奉献的心灯

以前，他做一点事就嫌苦，人家请教他作业，他也爱理不理。后来，他看到我这个班主任,每天放学后都要免费为学困生辅导,数百天如一日,从不计报酬;寒假还在查问学生的作业;大年三十晚上,还和学生一起看春晚,遇到可教育处,及时短信提醒。他深受感动,给老师发来发自肺腑的微信:"虽然我不是您最好的学生,但您是我最好的老师。"从此他热心于班级工作,乐于助人,只要同学有求于他,他都会尽力去帮助这些急需帮助的同学,将自己的学习心得与同学分享,成了老师的得力助手。

姜氏男儿读书郎,聚精会神书海藏。主持节目才华显,玉宇澄清德馨香。助人为乐诚为本,正直坚韧理应当。取长补短渐完善,插上翅膀尽翱翔。

——姜同学初二第一学期评语

平息电影风波

2016年5月6日(星期五)下午五点半左右,刘同学的父亲突然打来电话询问:"丁老师,听说,今天晚上有六个男生要去看电影,您知道是怎么一回事吗?"我当时就感到事情的不寻常:"我不知道,等我了解一下,再答复你。"挂掉手机,我立即进行查

副班长姜同学风采

问。这时班上六个成绩排在前面的男同学齐刷刷地站了起来。

俗话说:"打蛇先打头。"我疑惑地问:"姜同学,你是副班长,先说说是怎么一回事?"姜同学理直气壮地说:"这是我家长同意的,怎么啦?这个副班长,我不当了,行嘛!"我虽然非常气愤,但努力压制住心中的怒火追问:"你家长去吗?"他斩钉截铁地说:"不去。"这时,当教师的一种安全责任感袭上心头:不解决好这件事,千万不能放学。如果孩子放学不回家,后果不堪设想。"安全责任重于泰山。"如果不去阻止,万一出了什么安全问题,后果将不堪设想?但如果要问,面对现在这一帮群情激昂的孩子,哪是那么容易的事?我清楚地意识到,刘同学的家长打电话一是担心安全问题,二是害怕他们心猿意马,影响学业。不过,面对这些固执任性的孩子,家长也是束手无策,只能借助老师的威力了。

我先让孩子上自习,然后给姜同学的父亲打电话,姜同学的父亲坦然地说:"我们知道,是有这事。"我严肃地告诉他:"有家长打电话来问了,可能需要你跟家长解释一下呢!"姜同学的父亲一听要负孩子的安全责任,觉得情况不妙,就让我与孩子的母亲联系。

孩子母亲一会儿就打电话过来了:"电影票是我买的,有责任我负。"我接着问:"您去吗?"她说:"我没有时间去。"我再次强调:"从安全角度考虑,如果有家长陪同,就由家长负责安全;如果没有家长陪同,我建议取消晚上的活动,我们必须为孩子的安全考虑。现在刘同学的家长打电话来问了,您打电话跟他解释一下吧?"

我放下电话,发现刘同学满脸通红,仿佛一座即将爆发的火山。整个教室一片寂静。直觉告诉我,对于这几个聪明的孩子,要想改变他们的想法,只能智取,不宜强攻。为了缓和气氛,我跟大家一起回忆,前不久准备好跟扬州晚报社组织小记者到仪征地质公园活动,却在前一天"流产"了,主要原因还是领导从安全角度考虑,因为安全责任重于泰山。这时,教室的空气仍然很沉闷。我在宣布其他同学放学的同时,将原先打算晚上看电影的六个男生留下来开会。

本来打算今晚"潇洒走一回"的几个男生,见到突然中途杀出个"程咬金"(刘同学的爸爸)来,又遇到了"胆小怕事"(怕出安全事故)而又"多管闲事"(放学后本不是班主任管的时间)的老班,不但即将看不成最新电影,而且刘同学自己觉得今后在弟兄们面前会抬不起头来。根据多年的教育经验,直觉告诉我,最好的办法是,先让六个同学分别发泄一下心中的不满之气。

我心平气和地说:"现在就剩我们七个人,大家能不能先说说自己的真切感受。"刘同学通红的眼睛里噙满了泪水,他一边哭着一边诉苦:"我爸爸一天到晚只知道跟我妈吵架,从来不管我的学习,从来不顾我的感受。"为了缓和紧张的气氛,我调侃地说:"夫妻打架不记仇,半夜三更睡一头。夫妻之间,打是欢喜,骂是爱。你为何要掺和这些事呢?"他哭得更凶了:"您还不知道,我爸跟我妈早就离婚了,只是为了给我一个完整的家而勉强凑合在一块生活。"我立即接上话茬:"你父亲打电话给老师,就表明他还在关心你,他很在乎你,把希望寄托在了你的身上。"在他沉思时,我让这次活动的组织者姜同学发言。姜同学也是满腹牢骚,眼泪汪汪地说:"我们看个电影怎么啦?难道就一定会出问题?"我欲进先退:"看电影本没有什么,如果就你和你家长去,爱怎么看,就怎么看,谁也管不了,谁也不想管。如果你一定要带其他同学去,你家长一定要参加,负责所有孩子的安全,还要跟其他同学的家长解释清楚,我也没有任何意见,因为放学后本就不是老师的管辖时间。"接着任同学又满心怨气地开口:"我们现在什么娱乐活动都没有,电视不准看,电脑、手机不准玩。"我反问他:"造成今天这种局面的原因是什么?初一时,老师不是动员家长给你们买电脑吗?你管住自己了吗?你放学后偷偷跑到同学家玩游戏,一玩就是几个小时,害得你七十多岁的奶奶提心吊胆,找到晚上八点钟,还不见你的人影,电话一直打到老师家里,老师也跟在后面打电话到处寻找。结果,你倒好,悠闲自在、若无其事地回家了。把整个希望都寄托在你身上的远在浙江的父母怎么能不心急如焚、严加防范呢?"

正当大家的情绪稍稍稳定的时候,姜同学的母亲接连发来了两条短信,我立即趁热打铁,读给大家听:"丁老师你好,我是姜同学妈妈,解释一下电影票的事情。前几天姜同学跟我说:'妈妈,美国有一部电影叫《美国队长3》,这个月6号就要上映了,您陪我去看行吗?'我当时说:'5月6号我跟你爸爸回老家呢,没时间陪你看噢。要不,你找一个同学陪你看。'我当时也是随口一说,后来姜同学在班级里跟同学说了这个电影的事情,说某某愿意陪他去看。那我说:'好吧,我来买票。'后来他说:'另一位同学也想去看,不过电影票他自己买。'后来我说:'人家同学都陪你看了,怎么要人家买票呢?我们来买吧!'结果就在网上买三张票了,最后由于我在网上操作失误,票买重了,相当于买了两份票,一共是六张。结果他又请了另外三位同学。"

"这件事情是我做得不对,我应该跟每个同学家长沟通一下,电影的时间是晚上7:50上映,到10:00左右才会结束,这个时间段确实不能让每位同学自己单独回去,安全最重要,这个事情确实是我做得不对!对不起,我以后会注意,也感谢丁老师的提醒!"

读过以后,我再问大家,还有什么看法。大家都表示,按照老师和家长的要求,取消这次活动。

我觉得教育收到了明显的效果,但"打一打",还要"揉一揉",要扩大战果,变不利因素为有利因素,才能收到最佳效果。我说:

你们看看自己在同学心中的形象:姜同学是副班长;肖同学是学习委员;刘同学非常聪明,但因缺少自制力,走过弯路,最近刚回到第二名;徐同学因贪玩,初一成绩掉下去一直上不来,进入初二后,经过顽强拼搏,好不容易才恢复到前几名;张同学在同学心目中的印象是一名刚由玩童向神童蜕变的同学,上次月考考过第二名,现在又有下滑的趋势;任同学虽然动作慢一点,但基础很不错,从没有下滑到第十名后。也就是说,大家虽然小学基础不怎么牢固,但头脑聪明,进步较快,再拼搏一年,完全有可能考上四星级高中,用知识改变自己的命运。学习是很辛苦,正如古人所言:"书山有路勤为径,学海无涯苦作舟。""天将降大任于斯人也,必先苦其心志……"我们不是刚学过《送东阳马生序》吗?宋濂用自己的"无书苦、无师苦、无衣苦、无食苦"等苦难经历,教育马生及各位同学,他说:"以中有足乐者,不知口体之奉不若人也。"近代学者梁启超在《敬业与乐业》一文中也告诫我们,苦乐全在主观的心,不在客观的事。一年后,如果大家能拿到四星级高中的录取通知书,丁老师请你们看一场最新电影,以弥补这一次没能看到电影的遗憾。

孩子们看到老师对他们晓之以理,动之以情,而且抱有希望,都来了精神。他们畅所欲言,献计献策,提出了许多有益的建议。事后,我又让同学们将这一场风波写成一篇生动的作文,把文学的种子撒向孩子们的心田,让他们在生动的描写中品味成功的快乐,从抒写真实的情怀中受到潜移默化的自我教育。

有同学在考试时用了这一事件作为写作素材,写出了文质兼美的文章。陈同学写的散文《不妨仔细想想》,李同学以第一人称的手法,站在当事人的角度写的小说《不妨换位思考》,都写得生动而深刻,赢得了同学们的一致好评。

电影风波虽然平息了,但在处理这一件事件中的经验教训值得我们牢记心中。

(1) 良好的教育离不开家长的支持。因此,老师不仅要正确引导孩子,也要及时与家长沟通。

(2) 凡事要有足够的耐心,千万不能急于求成。否则欲速则不达,甚至适得其反。

(3) 遇事要三思而后行。只要充分发挥自己的聪明才智,就有可能将不利因素变成有利因素。

(4) 学生的思想教育一刻也不能放松,因为学生在察言观色,不断试探老师的底线,老师一旦松一松,学生就会攻一攻。

(5) 要经常走进学生的真实生活世界,倾听大家的心声,只有这样才能牢牢掌握教育主动权。

(6) 遇到此类事件,千万不要逼学生写检查,要充分利用这些生活中的鲜活素材写成小说或散文,让文学的种子在学生的心中生根、发芽、开花、结果,并让学生从中受到深刻的教育。

（7）选好教育的角度——安全。如果只是怕孩子贪玩，可能教育效果会大打折扣。

教会雪中送炭

第一次月考，郑同学语文和英语考得较好，可是数学竟然是全班倒数第一。他心中非常难受，为了考高分，竟然想到了下一次考试作弊。我了解情况后，及时找这个同学谈了话，讲明作弊的危害，晓之以理，并把帮助他的任务交给了副班长姜同学，教会他雪中送炭。副班长姜同学向他伸出了无私的援助之手。

在数学课上，老师把试卷讲了一遍，当讲到一道很难的题目时，老师叫郑同学站起来报解题过程，郑同学当即觉得不知所措。在这紧要关头，姜同学急中生智，在下面小声地提醒了他，郑同学觉得姜同学真是雪中送炭："老师看见我能回答出来，就让我坐下来，继续听老师讲课。"

下了课，郑同学觉得这题目根本不会。他想：在课上逃过了老师的法眼，暂时蒙混过关了，但躲得了初一，躲不了十五。下次考试再考到，我还是不会，那可就说不过去了。

郑同学决定立即问姜同学，姜同学不但认真地教会了郑同学这道题目，还把郑同学做错的题目全部讲了一遍，直到对方全部弄懂为止。郑同学当时很感动，就写下了一篇日记。

我发现后，觉得传递正能量的时机到了，我帮助郑同学把这篇作文进行了有效升格，在班上作为范文评讲，并发表在"成功作文工作站"上。

后来，郑同学又跟数学老师说明了情况："上课是姜同学告诉我答案，让我蒙混过关的。我已经向姜同学请教过解题的具体方法了，现在才真弄懂了。"数学老师也在班上表扬了这两个同学。从此，郑同学学习有了信心，对写作也产生了兴趣，各科成绩也在不断进步；副班长姜同学的威信也提高了，班级里学生的互相帮助之风更盛了，真是一举多得。

姜鹰宇宙任飞翔，澄净天空万里香。文采丰盈才智显，精神饱满睿书藏。
精诚合作须牢记，良好德行要培养。补短扬长都完善，张开翅膀尽翱翔。

——姜同学（雄鹰）初三第一学期评语

班干也是学生，他们可能有这样那样的不足，甚至会犯一些错误，所以要进行悉心培养。如果未在班级中有效放大该生声音洪亮、语言表达流畅的长处和优点,就很难让他树立良好的班干形象,甚至会把原来的助力变成工作的阻力。如果能指导其不断克服自身缺点,改正错误,用其所长,同时树立他的自信和威信,他就会成为班主任工作的助力。

学生在学校所在汤汪农庄体验劳动的乐趣

◎ 把犟驴变温顺 ◎

七四班上一条龙,数学学习较成功。自以为是无人缘,目中无人常发窘。山重水复多反思,柳暗花明心感动。排除杂念学做人,前程似锦福无穷。

——刘同学初一第一学期评语

与有思想的孩子促膝谈心

晚上六时半,我到刘同学家家访,才知道这孩子因为不愿上励志班,所以分班考试时,有一些题目故意不做。问及原因,他说出了自己的理由:"读书无用,大学生找不到工作的大有人在。"我说:"你说的不是完全没有道理,但你只看到问题的一面。没有理想工作岗位的有两种情况:一是大学四年是混过来的,二是想创业的。真正有理想有抱负的人,是泡在图书馆里认真学习的人,本科毕业后,多数读研去了。他们毕业后,有的当了老师,有的当了医生,有的考取了公务员。"他若有所思。我关切地问:"你的理想究竟是什么呢?"他不假思索地回答:"创业。"我又追问:"你具体说说,想创什么业?怎样创业?"他又不知所措。我觉得时机已到,就因势利导:"如果不读好书,能当老师吗?能当医生吗?能考上公务员吗?创业就不需要文化吗?"他沉默不语。

我在心高气傲的刘同学心目中的最初印象是:"不像一位老师,倒像是学校中的校长,或者是大学里的教授。但见他大约有六十岁,身穿短袖带扣衫,脚踏透气纳凉鞋,面带红光笑靥气,双眉仁慈又严厉。"虽然第一印象不错,但一星期过后,他的反感情绪大增,主要是因为我对他们的学习又提出了更多要求,他就直接称我为"老丁"了。

我跟学生说:"你们是想用现在三年的辛苦换取一辈子的幸福,还是用一辈子的辛苦换取现在的三年快乐呢?"刘同学听了以后仍旧不以为然,无动于衷,我行我素,虚度光阴,打游戏、睡懒觉是他的常态。他还先给我写了一封信,于是我采用了与其写信交流的方法,以期改变这个孩子。

给丁文宏老师的一封信

尊敬的丁文宏老师:

您好!

张某某离校出走的事情刚告一段落,您刚刚松了一口气,但由于我昨天犯的错误,又让您刚刚放下的心警惕起来。

从开学到现在,我犯过的错误不比我们班张某某的少,如果再不好好反省,再不痛改前非,就真的对不起老师对我的栽培了。

生物课上,我带的手机成了张某某和任某某互相厮打的导火索;收作业的时候,由于张某某不肯交给我作业,我一怒之下,直接拿走他未写好的作业,因此与他发生了打斗;月考过后,我把优异的成绩,变成了自己骄傲的资本,在同学的桌子上拍黑板擦上的粉笔灰……

朱柏庐说过:"一粥一饭,当思来之不易;半丝半缕,恒念物力维艰。"这句话告诉我们:在我们吃每一碗粥、每一碗饭时,应该想想农民伯伯们辛苦种出来的粮食,真的是来之不易;我们生活所需的每半根丝、每半根线,都包含着很多人的心血,应该好好珍惜。而我却没有好好珍惜这来之不易的粮食。就以昨天来说,我在食堂打饭,将一些米饭撒落在地上。而我却没有及时清理,吃完饭后就跑了,我留下来的垃圾和未清理的桌椅给那些清洁工阿姨留下了很坏的印象。她们肯定认为我是个既浪费粮食又不帮助打扫卫生的人。

月考过后的这一段时间,我是越来越松懈。因为和初一(1)班的学生谈恋爱,我在语文课上听讲有点魂不守舍;数学作业也是错误百出;英语默写也不像月考前那么得心应手。如果再不好好调整学习态度,在接下来11月份的期中考试中,我肯定会把年级前三的位置拱手让人。

就拿昨天的英语课文默写来说,在默写时,我默着默着,就漏了个s少了个ing,最离谱的是把整个句子都默得前后颠倒。我觉得自己简直就是心不在焉。默写结束后,我翻开英语书一看,发现自己错了不少。等同学们改完后果然不出我所料,大片大片的错误,作业本上布满了令我眼花缭乱的红叉,在最后一行写着三个红红的大字——"不过关"!这印证了班级墙上挂着的名言:"态度决定输赢,细节决定成败。"

丁老师,您在开学就把班级里的公物委员这个重任交给了我,可我辜负了您的殷切希望。班级中丢了两张凳子,至今我还未找到。后面的鸡毛掸子也被班上的一些下课喜欢打斗的男同学给折断了。我问起他们,他们却互相推卸责任,都说不是自己弄断的,最后我也不知道到底是谁把鸡毛掸子给弄断的。

在我犯的错误里,最严重的就是和别班的女生有超越友谊的联系。您怕我分心不好好地学习,怕我三年后的中考,考不上高中,让以前的所有努力都前功尽弃,会遗憾一辈子。我已经深刻地意识到自己错误的严重性,一定会努力端正自己的学习态度,发挥我的优势,竭尽所能地帮助同学,和他们共同进步,带动和提高全班数学整体水平的提高。老师请给我一次痛改前非的机会,谢谢!

"学习如逆水行舟,不进则退。"您常引用这句名言,让我们知道什么是争分夺秒,什么是时间就是金钱!想要取得好成绩就要努力。爱迪生说过:"天才是百分之一的灵感加百分之九十九的汗水。"不努力就什么都完成不了,因为世上没有什么事不努力就能够完成。

我现在是自讨苦吃,只能甘愿受罚。从今往后,坚决不和陆某某来往,周末在家按照老师的要求认真完成作业,不再出去玩。

此致

敬礼

你不听话的学生　刘某某
2014年10月29日下午于丁老师办公室

给刘同学的一封信

聪明的刘同学:

你好!现在老师给你写信,希望你能尽快理解老师的良苦用心。

你是山东省临沂市人,随卖菜的父母来到扬州读书。2014年9月你以第七名的成绩考进汤汪中学"励志班"。据说,你本不想进这个班,所以考试时,答题就很马虎,一听说进入"励志班",你当时就感到后悔,因为你向往自由,不想吃学习之苦。这是我第一次家访得到的信息。临沂市,是历史上著名的革命老区,多少仁人志士为了我们今天的幸福生活,抛头颅,洒热血,你作为革命老区的后代应该做些什么呢?

主要学科的老师一致认为,只要能正确引导,帮你树立远大理想,让你用足"力气",也就是说,家长、老师要对你负责,让你感到自己有"运气",你就有信心使出浑身力气,就有希望成为一个栋梁之材。从你的名字看,父母确实"望子成龙"。但是开学前的军训中,你就对别班一名女生产生好感。老师了解情况后,多次找你及该女生促膝谈心。我还给你写过一封信,你也给我回过一封信。

你虽然当时不太高兴,后来也没有彻底改变,但已认识到自己的错误,把主要精力用到学习上来,多次考试名列第二名。这充分证明老师对你的评价与信任是正确的。

然而,过了一个寒假,你的玩心死灰复燃,作业不想做,上课不认真听,家长经常来。三位主科老师都觉得你月考会有问题。而事实也确实如此,你的学习成绩又回落到入学时的名次。你曾向老师承诺的"考到第一名"已成了泡影,眼看自由自在的生活即将结束,你把责任全部推给了班主任,认为班主任什么都要管,不准下课玩魔方,还管你的隐私——日记,引起了你的反感,所以不想学语文。

班主任什么都要管,这算你说对了。你本来不玩魔方,我本来想,一年一度的元旦,让大家展示一下自己的才华,可以丰富生活,积累写作素材,树立自信,是一举多得的事,因此,让你们玩了三节课,但没有想到你一发不可收拾,元旦过后还在玩,影响了正常的学习。

你正在读名著《西游记》,唐僧师徒四人历尽千辛万苦,战胜了数不清的妖魔鬼怪,才取得了真经。你才吃了多少苦?你的身上有早恋、爱玩游戏这些妖魔吗？如此下去你能实现升入理想高中的愿望吗？

你是要冲重点高中的学生，只有力争上游，才有希望实现自己的理想，而目光向下看，只会让理想泡汤。切记："一分耕耘一分收获。""玩物丧志。""业精于勤荒于嬉，行成于思毁于随。"如果像唐僧一样，分不清妖魔鬼怪，或者像猪八戒那样经不住诱惑，吃亏的只有你自己。

你是一个聪明的孩子，老师相信你能够排除一切干扰，轻装上阵，向着既定的目标奔跑。

祝你成功。

希望你成功的班主任：丁文宏

2015 年 4 月 4 日

给丁文宏老师的第二封信

敬爱的丁老师：

您好！

读了您的信之后，我澎湃的心情犹如滔滔江水般一发不可收拾。

自从踏进汤汪中学"励志班"大门的第一时间起，直到刚才还没收到您的信时，我的的确确是不想进入这个班。您在信中说得很对，我确实是向往自由，不想吃学习之苦。但就在刚才读到"多少仁人志士……抛头颅，洒热血"的时候，我便瞬间懂得了学习之苦与抗日战争的苦比起来，可谓只能算得上是九牛一毛。人们常说："苦不苦，想想红军二万五；累不累，想想革命老前辈。"这时，我身上出现了一种久违的使命感。因为家里没有一个大学生，连个高中生都没有，父亲就把希望都寄托在我的身上，我的担子也就随之加重了。所以我也是时候发挥我真正的实力了。

主科三位老师都很看好我，尤其是数学老师。他说："你可以说是最有潜力的学生，你虽然平时作业马虎，努力程度不够，但数学考试成绩很好。你也看见，班上有一些同学比你努力好多倍，但成绩就是没你高。你看你，平时作业马虎，都考这么好，如果你按老师的要求，认真做作业，成绩不就更好了吗？你应该是班上第一名，而且要比第二名高很多分。"很明显，这说明了数学老师很认可我，认为我是他心中潜力最大的学生。我不能辜负他的希望。

我心中本来有个结，觉得您管得太多，还干涉我的隐私。

原本我总认为您是闲得没事干。但后来我才明白了您所做的一切,只有一个目的,那就是把我们全班人一个不差地都送上高中。还有日记这件事,自从周二您找我询问写私人日记这件事,我就百思不得其解。是谁说我写私人日记的?我写日记从不带到学校来,也不与父母说,到底是谁告诉您的?我近几天辗转反侧,在想这件事情。昨天家长会结束,我站在一边听父亲和您谈话的时候,我才了解到,原来是父亲给您打电话,委托您去问我写私人日记这件事,我才知道是谁告诉您的了。如果不是父亲执意要我说出我对您的意见与不满,也许这个结到现在,甚至以后也难以解开。对您说出我心中压抑已久的怨恨、意见与不满,心中舒畅多了。

说一句真心话,我并不讨厌语文,我说我不喜欢语文,只是个讨厌语文老师的借口。因为从小学开始,我就不喜欢语文老师,畏惧语文老师,可能这是条件反射吧。

现在,所有的心结都打开了,我没有理由学不好语文,也没有理由再对您有偏见了。恨您一年,是我错了,就在刚刚读完您的信时,我就已经不恨了,反而变得敬佩您了。从现在起,我要对从前的我 say goodbye,对妖魔鬼怪 say goodbye,也要对我昨天的行为说:"对不起。"

我现在什么不满都没了,也没有感情羁绊了。我也主动叫姐姐帮我把电脑设置上密码,以用来束缚住我的不自觉。相信二十一天后,我的习惯会彻底地改变。如果两年后我考上了扬中,我一定会亲自登门拜访,为您送上一幅锦旗,名字就叫作"妙手回春"。

在读完您的信之后,我不能自已,写出了以上给您的回信。

让您过多操心的学生:刘某某
2015 年 4 月 4 日

随着时间的推移,中考的脚步愈来愈近,看到经过我不厌其烦、苦口婆心的教育后,不少同学奋起直追,刘同学终于恍然大悟,懊悔不已,开始投入到紧张的学习中去了,有了不少改变。

八四班上一条龙,求学路上能成功。劳动积极负责任,关心集体不发窘。
山重水复多反思,柳暗花明心感动。遵章守纪报师恩,前程似锦乐无穷。

——刘同学初二第二学期评语

把小聪明变成大智慧——给刘同学的第二封信

聪明的刘同学：

你好，现在是国庆节凌晨5:30分，首先祝你国庆节快乐！

你一直是班主任心目中冲刺四星级高中的重要人选，因为你边学边玩，就能把理科学得这么好，这说明你的智商确实很高，是一支潜力股。老师相信，如果你能脚踏实地、专心致志、持之以恒地学好文科，你进入四星级高中将是指日可待，到时候，你真的距离父母望你成龙的希望就不远了。但是，你的现实表现真的又让人非常担心。

1. 随口乱说，不计后果。

俗话说："话到嘴边留半句。"因为"说者无意，听者有心"，所以有时会"祸从口出"。这就是林文义写的《木刻猴子》中"非礼勿说"故事中的"有耳无嘴"猴的有意义的一面。你总说要告发我拖堂，但真正考进四星级高中的，除少数神童外，大多数同学都在利用课余时间加班加点，争分夺秒，你追我赶啊！而像你这样的学生，基础本来就不牢，现在还贪玩，光有美好的理想，远大的抱负，没有脚踏实地的行动，怎能到达成功的彼岸呢？你想上四星级高中，又承诺要考第一，两年中有哪一次兑现你的承诺了呢？又有多少"语言的巨人，行动的矮子"最终会走上成功道路的呢？

2. 贪恋风景，心浮气躁。

前天，听英语老师说，你又因抄英语作业，被英语老师约请家长。这个消息在你这儿得到证实后，我真的是"恨铁不成钢"噢！你一边花着父母的血汗钱在外补英语，一边忙抄英语作业，能对得起谁呢？你父亲来到学校后，英语老师因有事要处理，只跟你爸说了几句话，就匆匆地离开了。接下来，是我与你爸促膝长谈。这和我掌握的情况基本吻合：

（1）你在家庭和学校之间打游击战。在学校老师查语文背诵等作业，你说忘记背了，或者作业忘记带了。到家里，你父亲查问作业，你说在学校做好了。这样，你就可以抽出很多时间去做自己感兴趣的事了，如打篮球，上网聊天。

由此可见，两年以来，你把老师和家长对你的苦口婆心的教育、引导都当成了耳旁风，我行我素，一年一个女朋友，哪有心思忙学习？虽然你也知道早恋的危害，但还是"明知不可为而为之"，这能说是大智慧吗？

我们曾学过金朝元好问的一首诗《同儿辈赋未开海棠》:"枝间新绿一重重,小蕾深藏数点红。爱惜芳心莫轻吐,且教桃李闹春风。"作者以一首海棠诗暗示、告诫自己的儿女们要稳重行事,要像海棠一样不轻易显露自己的芳心,保持自己内心的纯洁。"芳心"是一个双关词语,一层意思是海棠花的花心,另一层是儿女的爱慕之心。显然,你没有从中汲取营养,而是做了"闹春风"的桃李。

(2)你在父亲和母亲之间打擦边球。严父管教时,你恨之入骨(就像恨严格管理的老师一样);慈母宽容时,你又得寸进尺(就跟老师多少次与你通信、找你谈话却没有效果一样)。你总是觉得,真正的胜利最终还是属于自己,其实你是最可悲的失败者。如果你早一点听进师长苦口婆心的教育,你一定是个出类拔萃,能让人刮目相看的优秀学生。

(3)你在电脑和手机之间找突破口。因为上网打游戏、聊天,你的网络被切断,电脑被封锁。现在,你又每天晚上向父亲要手机查题目,父亲一去蔬菜批发市场拿货,你就在家与人聊天。这与初三学习这样紧张的氛围是格格不入的哟!这就像山间小溪,没有流入大海的志向,被沿途"美丽"的风景所吸引,流入浅水塘,变腐发臭,最后化为一阵雾,消失殆尽。

(4)你在散文和小说之间玩脱口秀。你先说对语文不感兴趣,因为语文知识面广量大,需要平时的日积月累,才能在日后厚积而薄发。而你喜欢快餐式的阅读,希望像理科一样,单凭小聪明就能立竿见影。但你有没有想过,你曾经写过一篇体验作文——《卖菜》,也是写得有血有肉,被全班当作范文分享过啊。你怎么对语文只有三分钟的热度后,就冷若冰霜了呢?还是浮躁惹的祸吧?后来,你又说:"我对小说感兴趣,对散文没兴趣。"你在说的时候,就像说脱口秀一般,口若悬河。但殊不知,这正暴露了你浮躁的弱点。因为散文需要细嚼慢咽,仔细品味,才能有津津有味的美感。而你读小说只觉得好玩、有趣,没有从中汲取有益的写作养料和做人的道理。

3. 要小聪明,弃大智慧。

综上所述,你确实非常聪明,准确地说,是表面上的聪明,是自以为是的聪明,是以自我为中心的聪明,是一种不负责任的聪明,是鼠目寸光的聪明,只顾眼前舒服快活,今朝有酒今朝醉。要知道,"人无远虑,必有近忧"。你实际上丢掉了大智慧,丢掉了同学真正的敬佩的目光,失去了老师对你发自内心的欣赏,辜负了家长对你的殷切希望,葬送了你光辉灿烂的美好前程。

醒醒吧,孩子!不能再执迷不悟,我行我素了。只有拥有了丰富的知识,你才能改变自己穷困的命运;只有在崎岖不平的山路上,不畏险阻,披荆斩棘,一鼓作气，勇往直前，才有可能胜利到达高山的顶峰，欣赏到让人心旷神怡的无限风光，产生"会当凌绝顶，一览众山小"的自豪感，实现自己的升学梦，最终为家庭担负起应有的责任，为祖国做出应有的贡献。这才是真正的大智慧噢！老师相信你，是完全可以做到这一切的，初中剩余的时间不多了，孩子，没有什么不可能，看看中央台"挑战不可能"，你就有决心了，加油吧！

最后，衷心祝愿你能顺利考上四星级高中！

班主任丁文宏
2016 年 10 月 1 日凌晨

10 月 3 日下午，我打电话让在我家附近补英语的刘同学来到我家。他看完这封信后，谈了自己的体会。他深有感触地说："老师，您对我的情况了如指掌，写得非常全面，对我的心理活动也揣摩得非常准确，我一定照您的要求去做。"我高兴地说："好，老师暂时不要你写回信，等你什么时候考试能够达到四星高中的分数线，再给我写回信吧！"

刘同学经历了初一、初二的风风雨雨，进入初三以后，就像变了一个人似的，知道争分夺秒地与朋友张同学讨论理科上的疑难问题，准备冲击四星高中了。这真是：

龙因沙滩遇浪涛，才知骄傲不能操。原因找到目标定，计划实施更自豪。
刻苦读书寻妙技，专心听讲找宝刀。遵章守纪行为正，似锦前程快乐招。
——刘同学（工程师）初三第一学期评语

由此可见，转变一个学生是一个漫长而艰巨的任务，不可能一蹴而就，不能操之过急，正是"心急吃不得热豆腐"。只要动之以情，晓之以理，导之以行，相信同学们迟早会理解老师的良苦用心的。

◎ 让粗鲁变细腻 ◎

黑衣女孩陈某某,俨然一个假小子。雷厉风行效率高,手脚麻利为集体。环境影响人成长,家庭教育很严厉。一生好景君须记,最是青春年少时。

——陈同学初一第一学期评语

赠人以言,重于金石珠玉

陈同学,江苏涟水人,一进班,我就觉得她的发型非常特别:四周剪得像男生的发型一样短,唯有头顶上留了一个黑而且厚的盖子,显得非常另类。通过家访才知道,这是她母亲欣赏的发型。我耐心地与孩子的母亲交流,说明初中生不能留奇异的发型,应该把主要精力放在学习上才是正道,终于得到了家长的理解和支持。

她的父亲高中肄业,工作特点是,平时在家待命,接到电话才出发:既可帮助政府按时完成拆迁任务,又能帮被拆迁户"讨回一些公道",哪里需要就到哪里去,只要有钱挣就行;母亲初中毕业,是一名职业歌手,工作时间主要集中在上半夜。

家访中,我了解到,现在孩子中,有不少人以自我为中心,只能听赞扬的话,不能听批评的话,一有挫折,就乱发脾气。对于这样的学生,只能是冷处理;如果迎风而上,很可能自讨没趣,更收不到应有的效果。处理时,也要注意方式方法。我们不妨学学禅师的做法;禅师看到一个小偷光顾自己的茅屋,不但没有将小偷痛打一顿,反而把自己的外衣脱下来拿在手上,对感到错愕的小偷说:"你走老远的山路来探望我,总不能让你空手而回呀!夜凉了,你带着这件衣服走吧!"小偷披上衣服不知所措地低着头溜走了。第二天,禅师看到那件外衣被整齐地叠好放在了门口,高兴地说:"我终于送了一轮明月给他。"很明显,禅师是用自己的智慧和仁慈之心点亮了小偷的心灯。荀子说:"赠人以言,重于金石珠玉。"遇到徘徊于人生路口的人,及时用一句有用的话点醒,有时会改变他的一生。陈同学的家庭特点决定了老师要帮助她点亮心灯。

1. 自信之灯

陈同学刚入初中时比较平凡,家长对她也不抱什么希望,孩子也有一些自卑感。但这孩子真的一无是处,没有希望了吗?战国诗人屈原在《卜居》中告诉我们:"夫尺有所短,寸有所长,物有所不足。智有所不明,数有所不逮,神有所不通。"每个人都有可用之处。直觉告诉我,陈同学也一定有未能被发现的亮点。

我组织过一次班级朗诵比赛,惊喜地发现:陈同学朗诵水平超过了一般的同学,脱颖而出。她不但声音洪亮,吐字清楚,而且发音准确,情感丰富,抑扬顿挫的朗诵赢得了同学们经久不息的掌声。后来,我不仅把她推荐为学校广播台的播音员,而且给她指明前进的方向:将来可以报考传媒大学,做一流的播音员、节目主持人。孩子的才能被挖掘出来后,就会释放出巨大的能量。从此,她学习有了使不完的劲头,不仅英语登上班级冠军的宝座,就连总分也进入了班级优秀生的行列。初一下学期陈同学成了先进青年,成为首批光荣加入中国共产主义青年团的学生,还当选为班级团支部书记。心中的自信之灯被点亮之后,孩子变得阳光自信,成为班级上空,乃至学校上空一颗耀眼的星星。

2. 希望之灯

担任团支部书记后,陈同学肩膀上有了一副沉甸甸的重担,也有了光明的希望,这也注定了孩子从今以后的不平凡。我们老师就是要擦亮一双慧眼,能识别出"英雄",善于发现这些"千里马",用最恰当的"饲养"方法,保证他们吃饱喝足,有日行千里的才能。

陈同学的文化成绩已跃升到班上的前几名,也是学校的佼佼者。不过要注意的是,学校的佼佼者也只是"矮子中的将军"。通过一些激励机制,引导学生跳出本校,站在旁观者的角度看自己,才是当务之急。

因此,我制定了一系列激励措施,从推荐入团,评先争优,座位编排,包干区的选择,到奖学金的发放,作业量的减少等多种措施,引导学生与时俱进,不断挑战自我,超越自我。陈同学的希望之灯被点亮之后,带领全班团员干部向目标冲刺,争取引导更多的同学把不可能变成可能,再苦再累也觉得是心甘情愿,无怨无悔的,因为她已经充分认识到一个深刻的道理:"苦乐全在主观的心,不在客观的事。"正如陈同学自己所说:"渐渐地,考上优秀高中的愿望在我心里扎了根,明确了奋斗的目标,看到了成功的希望,就有了强大的动力。"

> 活泼女孩陈某某,俨然一个假小子。雷厉风行效率高,手脚麻利为集体。
> 理科还需再努力,文科成绩很优异。一生好景君须记,最是青春年少时。
> ——陈同学初一第二学期评语

扬州市广陵区优秀学生干部陈同学
在三湾湿地生态中心

孩子已从这首律诗评语中清楚地看到老师对自己长处的充分肯定与热情赞颂,同时也找到了自己的短板所在和应该努力的方向。我还提醒她注意:同窗三载也是缘分,牢记严于律己;恶语半句亦能伤人,切忌出言不逊。爱发脾气,就是拿别人的错误惩罚自己,最终得不偿失;喜欢思考,才会用自己的成绩帮助别人,最终硕果累累。她衷心感谢班主任为她点亮了心灯,希望班主任能一直指引她前进的方向。由此可见:"赠人以言,重于金石珠玉。"

把坏脾气变成好习惯——给陈同学的一封信

某某,悉闻你下决心挥手告别坏脾气,向着崭新的自我出发,老班我深感欣慰和自豪,特向你表示最衷心的祝贺,因为这样一来,你的学习情绪就能够稳定下来。

你在班上的成绩虽然已经名列前茅了,但我觉得,这还不是你的最佳成绩,其罪魁祸首就是你随心所欲的坏脾气。你听说过"一哭二闹三上吊"吗?你发起脾气来,虽然不会去干"上吊"的蠢事,但是绝对少不了大喊大叫、大哭大闹的"疾风骤雨"。而且你的情绪变化特别快,简直比舞台上演的变脸还快,能瞬间从一只温顺乖巧的小绵羊变成一只咆哮起来的凶神恶煞的大老虎,像极了六月份的天——说变就变,毫不留情。这常常让老师、同学和家长措手不及,头疼不已。而这种坏脾气,就像是龙卷风,卷走了你的一切好情绪,剩下的只有心烦意乱,自然无法安心学习。

俗话说得好:"江山易改,本性难移。"老师知道你要真正告别坏脾气就像凤凰涅槃、烈火重生一样,是要经受一番艰难痛苦的。值得庆幸的是,你已经充分认识到了坏脾气既损人又不利己,所以你已学会控制自己容易变化的情绪,每当自己的坏脾气要爆发时,你总会告诫自己:身体最重要,别跟别人生气,否则就是拿别人的错误来惩罚自己;尽量努力做到不与同学、老师和家长闹矛盾,有时干脆坦然面对别人的冷嘲热讽,尽最大努力,让自己心平气和。

初二开始,你的数学成绩就不太好,甚至曾因为数学,与第一名失之交臂。我很为你感到惋惜。多次找你促膝谈心,其目的就是让你能迅速排除一切干扰,珍惜时间,专心致志地钻研数学难题。因为我认为,你数学并不是学不好,而是没有认真学。古人云:"行者常至,为者常成。"后来,你为自己的成功而做了无数的努力,放弃了玩手机的快乐,限制了与好友交谈的时间。终于,你告别了数学短板,数学成绩渐渐提高,再也不用因一道题目解不出来而愁眉苦脸半天了。最近老师看到你的脸上终于露出了美丽的笑容。如果考试再细心一点,你的基础题得分会更高。因此,老师觉得,你已经向考四星级高中迈出了最为坚实的步伐。

当然,你还是会有一些小毛病,如你违反学校规定,带手机到学校,和其他同学偷拍了一些老师上课的图片,并在网上转发,还配有一些语言。其实,你如果对我这个老师有意见,可以和我交流,坦诚相待。

现在,你已经从"出口成脏"变成了"出口成章",让一些坏脾气变成了好习惯,接近你的同学也多起来了。

你是我所信任的团支部书记,广陵区优秀学生干部,老师心目中的才女。在最后的几个月里,老师衷心希望你能记住:"宰相肚里能撑船。""大腹能容,容天下难容之事;慈颜常笑,笑天下可笑之人。"你要学习弥勒佛,把一切不愉快之事全部抛之脑后,一心一意地搞好自己的学习,努力用知识改变自己的命运。

虽然脚下的路还很长,但只要你继续向着光辉灿烂的明天出发,走进扬州中学的大门,就会指日可待。

你的班主任:丁文宏

后来陈同学性格也变得温和起来,不再对同学大喊大叫;心胸变得开阔起来,不再为一点小事斤斤计较;作文也变得生动优美起来,不再空洞无物;理想也变得远大起来;做事也变得沉稳起来。我的评语也变了:

活泼孩童小某某,超凡智力引人期。学习刻苦防诋毁,手脚勤劳朗诵迷。口若悬河拼底气,理科赶上算稀奇。高中理想前方有,奋力拼搏正在时。

——陈同学(有志者)初三第一学期评语

由此可见,班主任工作只能一把钥匙开一把锁,对这个吃软不吃硬的孩子来说,只能怀柔,不可硬扭。用赏识的教育方式,调动其学习的积极性,就会收到事半功倍的效果。

◎ 让学霸真学霸 ◎

惟妙惟肖写作文,成就学霸做达人。人非圣贤孰无过,班门弄斧求指正。充满自信面带笑,团结友爱守章程。胸怀大志目光远,振兴中华定乾坤。

——肖同学初一第一学期评语

把学生逼上读名著的"梁山"

刚接手初一时,我发现这个班的学生写作基础差得惨不忍睹。怎么办?在走投无路之际,只好用传统的办法——读万卷书,行万里路。其中行万里路,大多数学生倒是乐在其中,可是读万卷书,就难于上青天了。刚开始,只能先逼着学生"上梁山"了。

肖同学是班上男生中行为习惯和基础都比较好的学生,一开始就被我列入了升高中的重点培养对象。但他就是怕读教材规定的名著,真是急煞老夫也。

首先要读的是《汤姆索亚历险记》,在说理无效、黔驴技穷之时,我只好先动用手中的权力了。即使肖同学等男生心中老大不情愿,但迫于我是班主任,所以敢怒而不敢言。

开始,他只是想快点完成任务,早点交差,只要找到一点生动的句子,就把它画下来,再写上一两个字,就换到下一页了。而且每隔几页,才画上那么一点,写上那么一点,那字也是写得龙飞凤舞,连他自己也认不出来,就这样,走马观花,不到一天时间,一本书就搞定了。

等到要交名著的那天,他怀着侥幸的心理把名著快速往书堆中一插。我收到名著后,立即在自习时间,认真翻阅起来,一些未能认真读的同学一个个被我勒令重新阅读,按要求批注。而肖同学认为我在刁难他,回到家里,还是没有认真阅读,只是在之前画线的地方多写了几个字而已。再次交上来时,还是想蒙混过关。我看到后,简直怒发冲冠,但为了不失教师的尊严,还是把他叫了上来,又找了一本批注得比较好的放在他面前:"请你看这个同学,看看人家是怎么批阅的。"他听到台下阵阵的笑声,脸上红一阵白一阵,感到无地自容,所有的侥幸心理不复存在,当场答应我:"我回家一定认真读。"过了大约一个星期,他把书交来了。我有意识地问:"这次读书感受如何?"他面带微笑地说:"我回家一字不漏地认真读,越读越喜欢,最后竟然忘记了时间,直到爸爸叫我吃饭才离开。读出趣味后,才明白老师的良苦用心,才为自己对老师的怨恨感到愧疚。"

学生心目中的学霸肖同学(左)、副班长姜同学(中)、体育委员刘同学(右)展示校运会获奖证书

通过老师的"逼"才认真读书的还不止他一个,也不仅限于男生,连一些女生也是如此。也就是说,不喜欢读书具有普遍性。教师要采取相应的策略才能奏效。一旦养成了认真读书的良好习惯,学生写作的语言就流畅多了,错别字、病句也会相应减少,自信心也会提高。真是:

惟妙惟肖写作文,成就学霸做达人。博览群书争进位,班门弄斧求指正。
充满自信面带笑,团结友爱守章程。胸怀大志目光远,振兴中华定乾坤。

同学心目中的学霸

肖同学是班上的学习委员,他学习主动刻苦,持之以恒,注重学习方法的不断改进。他在做作业前,先复习老师讲课的内容,然后融会贯通。遇到难题,他千方百计找到正确的方法,很快就能迎刃而解。因此他的成绩名列前茅,一直被班上的同学称为学霸,这光辉名称浸透了他奋斗的汗水。

他外表普普通通,平时做事也从不张扬,像一棵能用自己的香味抵御病虫害的香樟树。课余时间,他不为外界所吸引,一直在埋头苦读或是写作业;不过,有人问他作业,他会立即放下手中的题目,当起小老师来,不会藏着掖着,而是倾囊相授。由此可见,他是一个名副其实的学习委员。上课时,他聚精会神,默默地思考,准确地回答,常常赢得同学一阵阵经久不息的掌声。遇到自己理解不了的题目,他会当即举手提问。遇到班上没有其他人会做的很难的题目,就算他已经知道解题的方法和思路,他也会认真仔细地听老师的讲解。学霸需要用每天从容自若、专心学习的艰苦劳动,才能换来优异的成绩。平时,遇到同学自暴自弃,他会立即上前开导;遇到同学在不恰当的时间去玩游戏,他会去劝阻。他不仅仅只做学习委员分内的事,每天晚上,他总是最后几个离开,以便帮老师检查教室的窗户有没有关上。

他文武双全。体育课上,他经常和班上其他男生一起打篮球、踢足球。他懂得适可而止,每次休息一段时间后,他就会立即去学习。相信在这位名副其实的学霸的带领下,同学们能改掉自身的不足,至少也能扬长避短吧!

"学霸"是对学习目标明确,学习态度端正,学习时间有度,学习方法有效,学习毅力顽强,学习效果良好的同学的赞美褒奖之词,无论能否考到第一名,他都是同学心目中的学霸。

主动占领学生的课外阅读阵地

进入初三以后,我认为学生任务太重了,所以就没有再安排学生读课外书。但令我始料未及的是,先是副班长姜同学在我的早读课上偷偷读小说,被我发现,及时制止,继而听说学霸肖同学夜间十一点做完作业后在手机上读网络修仙小说,直到凌晨两点钟。经了解,他读的是玄幻小说《九星霸体诀》,可笑的是他把"诀"写成了"决",我曾两次找他谈话,又打电话让他不要再看,但他还是充耳不闻。第二次月考成绩揭晓后,我发现他已被挤出了前五名,就再次找他谈话,他理直气壮地说:"是的,我还在看,但每天就一两章。"我问他:"为什么这本书的吸引力这么大?"他说:"主人公龙尘想找到自己的亲生父母,弄清自己的身世,虽然知道怎么找,但因为对手太强大,自己感到心有余而力不足,于是抱着一腔热血去修炼。"我接着说:"你也想考取四星级高中,从目前的情况看,你也感到实力不足,需要修炼,是吗?"他说:"是。"我反问:"你跟他一起修炼,为什么不进反退了呢?"他无言以对。我趁热打铁:"这个修炼,绝不是像小说一样空想,而是要脚踏实地,一步一个脚印地努力学习,懂吗?"后来,他想了一下,回答我:"期末考试,我会进入前五名。"我又再三叮嘱:"只有像勤劳的蜜蜂一样长期在书籍中采集花粉,才能厚积薄发,一鸣惊人;只有像可爱的春蚕一般坚持在桑叶里汲取营养,方可吐丝结茧。你要记住自己是同学和老师心中的学霸。"

究竟是什么样的好书,让孩子如此着魔?带着这样的问题,我打开了网络小说《九星霸体诀》:"是丹帝重生?是融合灵魂?被盗走灵根、灵血、灵骨的三无少年——龙尘,凭借着记忆中的炼丹神术,修行神秘功法九星霸体诀,拨开重重迷雾,解开惊天之局。手掌天地乾坤,脚踏日月星辰,勾搭各色美女,镇压恶鬼邪神。江湖传闻:龙尘一到,地吼天啸。龙尘一出,鬼泣神哭。"

下午,我又找到肖同学,问他读到哪里了,他也记不清,就带着疑惑的口吻说:"读到一千多章吧!"我说:"你读完了前六卷,读到了第七卷,已经浪费了大量的宝贵时间,就像抽烟、喝酒、赌钱一样,已经上瘾了,要强行刹车才行。再说,你可是同学们心中的学霸,我们老师心目中冲刺四星级高中的种子选手之一,你真的要用美好的前途做赌注吗?"他低着头说:"我父亲也是跟我这么说的。"我说:"你听父亲和老师的话了吗?这些小说的作者就是抓住了你们的猎奇心和贪玩心,拼命地编写这些不着边际的小说吸引你们的眼球。现在摆在你面前只有两条路:一条是你自己悬崖勒马,一条是让你爸没收你的手机。"他说:"我还是自己克制吧!"我说:"好,老师相信你,并且等待你期末进步的好消息。"

其实,大多数网络小说,无论是思想内容,还是文学艺术水平,都远不及经典名著,但处在青春期的只有猎奇心和贪玩心而没有自制力和辨别是非能力的学生倒是感兴趣的,加上家长关心和管理不到位,造成学生第二天上课昏昏欲睡,以至恶性循环。

因此,我除了引导学生阅读名著外,还推荐了扬州本土作家刘伟红的散文集《墨染的清寂》、郭翔的散文集《萤火虫的舞蹈》、袁华的散文集《月亮很淡的晚上》。老师带头写好读后感,与同学们交流,引导学生认真阅读。这样,不仅占领了学生的阅读阵地,而且提高了学生的阅读水平和写作能力。

反思:① 如果家长都能像老师一样,时刻关注孩子的一举一动、一言一行,并及时给予纠正,就不会任由孩子发展到看这些小说上瘾而不能自拔。还有一些孩子因看鬼故事太多,都不敢独自上电梯。② 如果老师任由学生的不良倾向发展,班上岂不是乌烟瘴气,哪会有正气抬头？③ 家有考生,家长如果还是不能全力以赴,像种庄稼一样望天收,哪会有孩子的光明的前途？

后来,作为学习委员的肖同学,学习状态渐至佳境,更加严格要求自己,起到了模范带头作用。我对评语进行了认真的修改:

惟妙惟肖写作文,追超贤圣做达人。群书博览争前位,弄斧班门点心灯。
信念源于长愿景,辉煌来自好精神。胸怀大志行为正,圆梦中华定乾坤。

——肖同学(男学霸)初三第一学期评语

◎ 化腐朽为神奇 ◎

祖父溺爱张某某,我行我素乐逍遥。不服老师惜才管,恩将仇报离校跑。屡教不改再犯错,以死相逼拒管教。浪子回头金不换,重新做人师长笑。

——张同学初一第一学期评语

他终于肯叫爸爸、妈妈了

2014年12月12日,对张同学一家来说,可是一个非常难忘的日子,因为今天中午1:35分,他终于肯在老师面前,大声叫自己的爸爸、妈妈了。

之前,听说张同学一直不肯叫自己的爸爸妈妈,这究竟是什么原因呢?为了弄清具体情况,我决定利用晚上的时间进行家访。因为他家是住在出租屋内,不知道具体地址,我不认识路,晚上又很难找到问路的人。我只好在快到目的地时,打了一个电话,本想让张同学出来接我,但等来的却是张同学的母亲。

到他家后,发现张同学不在家,我就问他的母亲:"你儿子呢?"他母亲脱口而出:"上厕所去了。"我只好先跟其母聊起来。

他母亲打开了话匣子:"张某某从小和他爷爷奶奶一起生活,祖辈视之如掌上明珠,溺爱有加。放在外面怕晒了,含在嘴里怕化了。要风刮风,要雨下雨。4岁后跟着我们生活至13岁,从来没有叫过自己的父母一声。孩子只怕他爸爸,而他爸爸长期在扬州和内蒙古之间跑长途运输,很少有机会教育孩子。他又不听我的管教,前不久,还因为嫌我多嘴,把我推了一个大跟头。"说到这里,孩子母亲的眼里噙满了泪水,原来他的母亲腿脚还不方便。这时候,我知道孩子在学校里为什么会有恃无恐、肆无忌惮了。

他常常因迷上网络游戏而不写作业,默写单词竟吃"大鸭蛋";老师查作业,他就以撕书相抵抗;生物课上,他不服从管教,顶撞老师;在外面他逃出补习班;他还把图钉放在同学和数学老师的凳子上,希望看到老师、同学中有人屁股被戳流血的好戏;老师请家长,他就离校出走,让大家围着他转;家长管教,他就以死相威胁,不是说跳楼,就是要撞墙……

等了20分钟,我看他还是没有出现,就让他的母亲去找他。他有一个妹妹,倒是很阳光的一个孩子,我正好借这个机会和他的妹妹攀谈起来:"小朋友,你知道你哥哥到哪去了呢?"他妹妹毫不隐瞒地说:"我哥哥听说班主任来了,知道大事不妙,就躲到厕所去了。"我说:"你妈可能找不到,你再去帮助找一下好吗?"她"咚咚咚"地下楼去了。不一会儿,她们母女都回来了,他母亲宽慰我:"孩子马上就到,您先坐一下。"

我们又聊了一会儿,还是不见他的人影。后来,他妈妈到外面的走廊上把张同学"请"了回来。不管我们如何苦口婆心、语重心长,他总是无动于衷,就像徐庶进曹营——一言不发。真是:"始终不开口,神仙难下手。"

鉴于这种情况,我们把他定为特殊学生进行处理。这个孩子智力上等,接受能力强,成绩尚可,但是他时常扰乱课堂纪律,喜欢跟人讲话,别人举手发言,他要阻止;老师尝试赏识教育,让他当纪律委员,他不但管不好班级,就连自己也管不好,喜欢打闹,把鸡毛掸子打断;让他当作文课代表,他在黑板上写招收作文学员的广告;还要推翻班长、班主任,自己来当班长、当班主任。

对这个学生,我给他写过长达两千字的书信,对他的长处给予充分肯定,对他的错误给予严厉批评,对他提出殷切希望。也让他给我写过两千字的回信,引导他深刻反思自己的缺点错误,多为班级荣誉着想。虽然暂时有所改观,但好景始终不长。我又多次给予口头警告,但还是无济于事。

就在山重水复之际,我们想到了孩子可能患上了心理疾病,建议家长带他到医院检查治疗,检查结果是孩子本身性格偏执,做事不计后果,有时做过的又很快忘记了。医生给他开了两种药,其中一种药吃下去,他反应强烈,头疼不已,被迫停用。还有一种药用后效果较好,孩子情绪稳定,孩子不肯调班,不肯转学,不肯休学,还要回班上课。家长还透露了一个信息,他在写日记时流泪了:"我已经向班主任表过态,上次就是最后一次进班了,这次恐怕是再也进不去了,还是听天由命吧!"

我在他的日记上写道:"初一(4)班的大门始终为你敞开着,但前提是认真接受并配合治疗,把心中的苦水全部倒出来,不想说,可以写在日记本子上。在进班前,先做到如下几点:① 当着我的面,大大方方地高声叫一声'爸爸、妈妈',以感激父母多年的养育之恩,发扬中华民族孝敬长辈的传统美德。② 能化压力为动力,积极参加学习竞争,按时保质完成作业。③ 充分发挥自己的聪明才智,多为同学做好事,为班级争光,挽回不良影响,重新树立自己在同学心目中的良好形象。"

后来,就出现了文章开头那感人的一幕。那天下午,张同学的父亲打来电话:"丁老师,晚上有时间吗?我想请您吃个便饭。"我婉言谢绝:"我还有事,你就把这顿饭给我们老师留在三年以后吧,等孩子考上高中,我们一定去祝贺。"

初二下学期,张同学变化很大,遵守纪律了,参与学习竞争了,有了远大理想了。英语老师说:"丁老师,你真是'化腐朽为神奇'了。"我也感到欣慰。现将两年来对他的教育情况和他的变化轨迹整理出来,跟大家分享。

给学生张同学的一封公开信

聪明的张某某:

你好!今天上午第四节英语课,你始终不肯向老师问好,只因英语作业未做,还撕掉了书中那一页。英语老师为了不影响上课,与你和你的母亲约定,吃完午饭,十一点五十分在老师办公室谈话。你母亲与英语老师准时见面,我也闻讯赶到现场。而"聪明"的你因为不服从英语老师的管教,又怕家长的训斥,于中午十一点三十九分,利用放学时间逃出校园,到处游荡,听说还在草地上非常潇洒地呼呼大睡了两个小时,直到晚上八点多钟才到你的伯母家躲避。

你可知道,你突然失踪的八个小时内,心急如焚的老师、父母要承受多大的精神压力吗?万一有个三长两短,我们老师如何担待?再说,你爸爸开车在外,听到你失踪的消息后能安心驾驶吗?你腿脚不便的母亲在班上听同学们讨论时欲哭无泪:全班同学用了整整一节课,讨论你可能的去向。女生站在英语老师的角度,阐述应该管你的理由;男生站在你和你的好友的角度,阐述能让你健康成长的良策。这节课的场面异常热烈,因为老师和同学们都在为你担心。然后班主任让每个同学写了一篇题为"我心目中的张某某"的作文,目的是想从中发现一点可找到你的蛛丝马迹,大家对你有了一个更全面的了解,也相信你会在晚上出现。老师还翻拍了你的照片,要求同学们利用网络的强大功能寻找你这位初一(4)班的"才子",并约定晚上九点半左右在QQ群中交流。大家为了找你,跑了多少路,打了多少个电话,你知道吗?

"聪明"的你知道自己的目的达到了,所以现身了。然而,你可知道,你的举动给别人带来的麻烦吗?从小学到现在,你一直不顾自身形象,打架骂人,做事不顾别人感受,不顾班级荣誉,利用自己的小聪明,自以为是,我行我素,欺负同学,顶撞老师,对朋友的友好劝说无动于衷,甚至为一点小事,还推倒母亲。

班主任晚上家访,你起初避而不见;现身后你也是徐庶进曹营——一言不发,封闭自己,拒绝交流。后来的一系列事情都证明,你不但屡教不改,还把老师对你的鼓励、表扬、赏识当成骄傲的资本,把老师对你的容忍当成软弱可欺,利用朋友对你的信任为所欲为,得寸进尺。

再这样下去,你真的会变成鸡肋——食之无味,弃之可惜。班主任根据你想让别人听你话的特点,曾相信你,尝试着把管理班级纪律的重任交给你,是想让你带一个好头,然而,你辜负了老师的殷切希望。你不但没有管好自己,而且影响别人。赵同学在楼道下的安静环境中背书,而你却走过去大吵大嚷,搞得鸡犬不宁。你有幽默的一面,喜欢唱歌,能给同学们带来快乐,但你不分场合,上课也唱。

你要知道,一个个老师重视你,是觉得你是一个可塑之才;一个个同学敬佩你,是因为你接受能力强,成绩进步快,运动会上,你为班级争过光,蒋同学帮你,你有感激之心。同学说你既是同学们的"开心果",又是班级的"惹祸精"。你要清醒地认识到,有才无德的人往往会造成危害,马加爵在大学校园内杀人被毙就是现实生活中最为典型的例子。

我们"不为失败找借口,只为成功找方法",因为办法总比困难多。我反复考虑以后,做出如下决定,让你的好友姜同学负责你的英语,刘同学负责你的数学,张同学负责你的日记和作文,蒋同学负责你良好行为习惯的养成。作为回报,你也可以扬己所长,帮助好友,共同进步。

你父亲虽跑运输,长期在外,但经常与老师保持电话联系,你母亲每天送你上学,接你回家。语、数、外三科老师都对你严格要求,使你有了明显进步。

而你不懂得"可怜天下父母心",不懂得"滴水之恩,当涌泉相报",不懂得"一日为师,终身为父"的道理,用离校出走的方式表示反抗,已严重伤害了师生感情,伤了父母的心。民间有一句俗语,叫"浪子回头金不换",希望你在自己的父亲面前读完这封信后,给我写一封回信,谈谈你的打算。

　　我这个愚笨的老师这么尽心尽力,掏心掏肺,也未能感动你那颗固执的心,真是惭愧不已。现只好"不耻下问",求法于你:你究竟是想让老师放弃你,从此睁一只眼,闭一只眼,还是由你自己尽快走出青春叛逆期,脱胎换骨,重新做人,适应这个激烈竞争的环境,实现自己的崇高理想?我相信聪明的你会选择奋斗和努力的。当然,你也要充分考虑自己生理和心理健康的因素,适可而止。

　　最后祝你学习进步,健康快乐地成长!

班主任　丁文宏
2014 年 10 月 23 日 11 时 58 分

　　在家长和老师苦口婆心的教育后,他还给老师回了一封信,对自己的错误行为进行了认真反思。接下来的两周中,他虽然还是小错不断,有点"江山易改,本性难移"的意味。但他大错不犯了,有了明显的进步。这说明,他还是有药可救的。既然他不能完全适应这种环境,我们只能坦然面对他这盏不会省油的灯了,就要有长期作战的心理准备了。即使他再有逆反心理,只要他犯了错误,我们就不能听之任之,当然也不能对孩子的进步吝于表扬。我决定增强耐心,准备打一场持久战,继续让他写反思。下面是张同学的又一封反思信。

给丁老师的反思信

丁老师:

　　您好!近几天来,我又犯了几个错误,真应该好好反省一下了。

　　我先是和姜同学上课讲话,影响了姜同学学习,也扰乱了课堂纪律;又在老师不在的自习课上讲话,经过班长和纪律委员的提醒,我稍微安分了一会儿,但班长一上位,我又活跃起来,继续和旁边的人讲话。

　　我下课不先去上厕所,一直和刘同学到处闲逛,玩到了上课,又和刘同学大声喧哗,引来了值勤的老师。几分钟之后,我带上几张纸,和刘同学一起上厕所,我们在厕所里闲聊,等厕所上完了,我估计纸不够用,于是就叫前来寻找我的姜同学再拿几张纸来。

在补习班,我上课不认真听讲,觉得无所事事,就写写家庭作业,写一点,听一会儿,还和刘同学讲讲话,过几分钟就看一下时间,盼望早一点下课,好离开补习班。

在数学课上,我把数学试卷撕得还剩下一半。

这是我最后一次进这个班,这是老师给我的最后一次机会。若不能好好表现,则到老师办公室自学。

学生:张某某

2014 年 11 月 24 日

家长签字:张某某、陆某某

看到这封反思信,我百感交集,思潮翻滚,写下了一首古风。

鸡肋张同学(古风)

祖父溺爱张某某,我行我素乐逍遥。小学老师惹不起,初中老师忙淘宝。
恩将仇报离校走,还把母亲来推倒。屡教不改再犯错,以死相逼拒管教。
有才无德危害大,同学盼你快变好。浪子回头金不换,重新做人师长笑。

张同学则认为,是班主任点亮了自己的竞争的心灯。请看他写的作文。

班主任用爱心点亮了我竞争的心灯

我有一个班主任,叫丁文宏,长得慈眉善目。你看,他的眉毛比别的老师要长好多,因此,在茫茫人海中,一眼望去,就可以找到了。他可不是一般的班主任,他有一个神奇的能力,就是点灯。但他点的不是那种普通的只会发光发热的电灯,而是人心里的灯。

初一,我还是迷迷茫茫的,没有什么明确的目标,总是有一种不切实际的感觉。似乎是置身于尘世之外,与周围的一切都没有什么瓜葛。但自从遇见了他，我的人生发生了转折。他学历高，见识广，上知天文，下知地理，几乎无所不晓，虽然不会英语，但是也很厉害了，所以没有什么能撼动他在我心目中的地位。

初二下学期，学过了毛泽东的《纪念白求恩》后，他把我叫过去，叫我把课文最后一小节背诵一遍，我一字不漏地背完后，他发言了："你仔细想想，你到底是不是一个高尚的人？有没有助人为乐、无私奉献的精神？你是不是一个脱离了低级趣味的人？有没有搞些无聊的恶作剧，做一些损人不利己的事？你又是不是一个有道德的人，有没有说过脏话蠢话？你是不是一个纯粹的人，有没有浪费宝贵的时间？有没有一心一意、心无旁骛地搞好学习，有没有考四星级高中的目标？"我顿时被问得哑口无言，觉得他说得很有道理。他见我一言不发，就说了一句："你先进去吧，好好思考一下。"

我快步走进教室，坐在自己的位置上，看着桌子上的语文书，两只手平放在桌子上，眼神凝滞地看着桌面，心中却回味刚才的谈话经过，脑海中像放电影一样一幕幕闪过，耳边回荡着那诲人不倦的话语声。心想，以后得好好学习啊，可怎么才能把成绩考好呢？刘同学数学能考140分，我就只能考一百一十几分，原因还没有研究出来，我很想超过他，但没有实现；郁同学的语文经常考一百二十几分，而我只有一百零几分，原因是作文没有她好；陈同学英语一百三十几分，而我只有一百一十分，低了二十几分，我都不知道分是怎么扣的；物理更糟了，虽刚学时间不长，但满分从来就没有考过。而班主任对我抱有很大的希望，这从他写的评语可以看出来："平时学习很轻松，俨然一个小神童。争分夺秒忙读书，语言流畅是真功。学得稳健有进步，遵章守纪不松动。树立信心更阳光，大胆发言让人懂。"

我现在很想超过别人，但是又超不过，只能继续努力，所以我最终决定弃暗投明，直至超过别人。感谢我的班主任，他点亮了我努力竞争的心灯。我现在做什么事都想超过别人，不然总感觉低人一等。

我的作文评语很简单："我们相信你一定能成功，加油！"因为他不是"语言的巨人，行动的矮子"，而是"说到做到，不放空炮"。我觉得，张同学的进步明显，事例典型，我让他自己在全班朗读了月考考场作文。

拼搏也幸福

绝大多数人认为，会享受生活才是一种幸福。虽然我还是一个普通的初中生，但我已深深感受到，在人生的路上，少不了拼搏，而且拼搏也是一种幸福。

爸爸是一个有责任心的顶天立地的男子汉，他不分昼夜地跑运输，努力多挣钱。他拼搏的最终目标是，能让爷爷奶奶过上幸福的晚年，让我和妹妹有一个良好的学习环境。而我初中拼搏的最终目标是能上一所理想的四星级高级中学。经过长期的思考和研究，我发现一个真理：不努力拼搏，是无法考上四星级高中的。所以我决心从本学期开始，拼搏一把，在这关键的初二下学期，尽我所能地发起冲刺。如果成功了，那当然是皆大欢喜；即使不能如愿，也不必气馁，因为我拼搏过，就没有遗憾了。我相信自己的能力，只要拼搏，最终总会胜利。

目前班上的竞争对手还很多，当务之急，也是近期的首要目标是超过刘同学。至少这学期要超过他。为了超过他，得付出艰苦卓绝的拼搏。要想在每门功课上超过他，就必须珍惜时间，努力学习。

数学老师说过："得数学者得天下。"班主任也特别重视数学。刘同学的数学比我好，要想超过他，首先要啃下数学这块硬骨头。上学期期末考试，他的数学成绩比我整整高了三十分，我真感到压力山大，不过，我已经把压力变成了动力。在数学上下了很大功夫：数学课上，我听讲比以前认真多了，作业也比以前认真了，正确率也提高了。希望从这次月考开始，差距能不断缩小。我准备把他学习数学的方法借鉴过来，说不定对自己学好数学很有帮助。如果数学学得好，那么，超过他就是指日可待的事。

还有就是英语。刘同学在背书和默写方面，过关率好像没有我高，但是他做作业和考试时的正确率却比我高不少。这到底是什么原因呢？我想，大概是我在做题目时，并没有把所背的内容灵活运用起来，抑或是他的英语基础比我扎实。因为自己小学时，调皮贪玩，没有打好英语的基础，现在我肠子都悔青了，我只有奋起直追了。虽还不知道能不能超过他，但终究要搏一次的吧，至少这种勇气是可嘉的。即使比不过他，也不留一丝遗憾，因为，我享受了拼搏过程的幸福。

语文方面，我和他的差距并不大，有时可以和他平起平坐；至于物理，我有时还比他强呢，应该没有太大的问题。

说再多也没有用，只有通过实际行动来证明自己的实力，才是令我感到无比幸福的事。

同学们听了他的作文后,多次爆发出经久不息的掌声。刘同学说:"我不但多了一个强有力的竞争对手,而且多了一个知心朋友。"冯同学说:"我们更感到压力山大。"王同学说:"我们真的要拼搏一把了。"赵同学兴奋地说:"张同学,加油!"周同学既担心又高兴:"张同学很可能是未来的学霸。"

我最后总结说:"一个人要想成功,有一个秘诀要牢记:充分认识自己,选好竞争对手。今天张同学写的这一篇作文,比我教育大家一年收到的效果要好,我由衷地感觉到,大家真的长大了。"

安全责任重于泰山

听说,班上有同学带打火机进校园,并在教室里点火烧纸,我一怔,这也太危险了,万一弄出火灾来,后果不堪设想。

经初步了解,玩火是张同学所为。多年的班主任经验告诉我,光靠听说毕竟不能下最后的结论。据我对张同学的了解,没有确凿的证据,他是不会承认的。况且,张同学本来就不是一盏省油的灯。他知道老师知道后会处理的事,会拉一个原则性不够强的团员干部一起玩,这样要处理,老师也会先处理团员干部。再说,玩火的原因是什么?究竟是哪些同学参与了玩火?还在哪些地方玩过火?具体细节有哪些?如果不把这些情况弄清楚,教育就没有针对性。

为了还原事情的真相,我利用班会课,给每个同学发了一张小纸片,要求同学将自己看到的情况原原本本地写出来。

我将纸片收上来一看,果真不出所料,参与玩火的一共有三个男生,其中还真有一个团员副班长,不过"主谋"确实是张同学。

这时,我觉得可以收网了。我先将参与者李同学找来核实情况,他说:"我看张同学点着了火,觉得好玩,就拿一张纸在上面晃了晃,并没有烧起来。"我又将团员副班长找来谈话,他也承认玩了一次。我最后将张同学找过来谈话,他也"供认不讳",而且说是由化学课引起好奇心所致。我说:"你今天回家将当时的想法、详细过程生动形象地再现出来,最后再谈谈让自己的老师为你操心后的感受。"

玩火的危害

在化学课上,我了解到一个知识:酒精,学名乙醇,可以燃烧。燃烧后生成二氧化碳和水,不产生异味,一般用于消毒剂。

从那以后,好奇心就一直让我想动手实验,看看酒精燃烧到底是什么样子的。因为没有原料——乙醇,所以,只好暂时作罢。后来早把这件事束之高阁,放于脑后了。

直到有一天,我去药店买感冒药,在拿感冒药时,我用眼睛的余光扫视了一下玻璃柜台,发现里面有着我想要的乙醇。真是:"踏破铁鞋无觅处,得来全不费工夫。"于是我就急切地问道:"阿姨,这个乙醇多少钱一瓶?"她微笑着回答:"小瓶四块五,大瓶七块八。"看了一下,手里的钱买完药正好剩下五块多,于是我就果断地说:"那就买小瓶的吧!"

回到家后,我在桌子的抽屉里找到一个打火机,就把打火机和乙醇一起放进了书包。

星期一下午的第二节课是体育课,老师只集训了半节课,就让我们自由活动了。因为就我们一个班上体育课,所以操场上人不多。于是,我找到一个角落,拿出事先准备好的乙醇,倒了一些在瓶盖里,再用打火机把乙醇点燃,乙醇燃烧后,冒出了极淡的蓝色火焰,没有烟,没有味。烧了一会儿,乙醇快烧完了。我怕把瓶盖烧坏,就把火焰盖灭了。

第二次是在教室,我发现地上有个凹下去的地方,于是就往凹陷处倒了足量的乙醇,然后用打火机点燃。它就冒出了淡蓝色的火焰,由于倒的乙醇较多,所以在蓝色火焰的顶端有一小点黄色的火焰。这次烧了有好几分钟,火焰才熄灭。

最后一次,我用左手拿着倒有乙醇的瓶盖,右手拿着打火机,把瓶盖里的乙醇点燃。淡蓝色的火焰冒出来几秒钟,瓶盖就变得非常烫,我已招架不住,手一滑,瓶盖里的酒精就漏到了我的左手手指上,瓶盖掉到了地上。我吓得魂飞魄散,出了一身冷汗,急急忙忙把手上的火吹灭后,又用脚拼命地踩灭地上的火,这才转危为安。可过了几分钟,我的手变得通红,还伴有灼痛,烫伤的手过了一天才痊愈。

从那以后,我就对乙醇产生了一种恐惧感。通过这一次疼痛的教训,我明白了火焰是非常危险的,稍有不慎,即有可能引发灾难。要是引起了火灾,那后果就不堪设想了。我们要避免接触易燃易爆品,还要远离火柴和打火机这些危险的东西,把精力全部用在学习上。

事后反思:如果化学老师能在课堂上让有兴趣的学生亲手做一做实验,

学生就不会有这么强的好奇心;如果老师能讲清危害,学生也不会再去冒险;如果体育老师能有效组织学生活动,学生也不会无事生非;如果同学们能及时制止张同学玩火,或事后及时向班主任汇报,张同学就不会一而再,再而三地玩火。如果学生能争分夺秒地学习,就不可能闹出点是非来。学生写作文比写检查用功得多,有效得多,不但能起到自我教育的作用,还能提高写作水平。

神童抢占制高点

张同学的转变有目共睹,这一转变是多方努力的结果。经过老师多次家访、家长多次校访,加之电话、短信、书信的反复交流沟通,我们达成了一致的意见。

首先是家长的积极配合。家长从不护短,及时将孩子在家中的不良表现与老师沟通,身有残疾的母亲全面担负起孩子上学放学的安全接送任务;往返内蒙古和扬州的父亲承诺,由家长主要负责安全问题,学校放心大胆地教育孩子成人成才。孩子的父亲还让孩子上长途货运车体验生活,感受父亲跑长途的辛劳,陪孩子下棋,练杠铃。家长按老师的要求督促孩子完成暑假作业,并带着孩子送给老师检查,老师发现孩子作业不到位的情况后,其父又带孩子回家补救。

其次是老师"是金子总会发光"的坚定信念。在教学中,老师发现这个孩子只要认真学习,成绩就能提高。因此,老师坚信:只要将老师的"爱心"变成学生的"信心",将老师的"耐心"变成学生"细心",把老师的"恒心"变成学生的"专心",就一定有希望让孩子从幼稚走向成熟,从自卑走向自信,从失败走向成功。在漫长的两年里,七百多个日日夜夜中,园丁们不断地浇水、施肥、除虫和耐心地等待,班主任记录了数万字的教育过程资料,才让这一粒种子顺利地生根、发芽、开花,最后结出了令人欣喜的硕果。

关键还是张同学本人"破茧成蝶"的决心和勇气。因为这两年中,我们这个班有三个学生转学了,有四个力不从心的孩子转班了。张同学也曾有过退学或转学的念想,但都被家长理直气壮地一一否定了。

随着自己一天天地长大,张同学开始寻找前进的路径。在进入初三后写的第一篇作文中,他就全面分析了自己与竞争对手刘同学的利弊优劣,制定了详细的超越计划,并暗暗开始实施行动,第一次月考,进入前十名,初战告捷。竞争对手刘同学先是不以为然,依然我行我素。后来,张同学还是非常尊重被超越的对手刘同学,与之同舟共济,心无旁骛,集中精力,埋头学习。到期中考试,张同学顺利进入前五。这时的刘同学才感到大事不妙,开始发力。张同学在第二次月考时的作文《值得》中写的就是被他超越的对手值得尊重。原来,他的对手被超越后并没有一蹶不振,而是奋起直追。他们下课在一起时,不再追逐嬉戏,而是争分夺秒地讨论难题。第二次月考成绩揭晓后,张同学就如突然杀将出来的一匹黑马,考了全班第一名,如愿以偿地坐上了学霸的宝座,最难学习的物理的电路部分也考了满分。真是"神童"名副其实,学霸众望所归,令人刮目相看。张同学现象引起了全班所有师生的反思和关注。他的对手刘同学期中考试后,也一心扑在学习上,奋起直追,开始进步;无独有偶,与刘同学同是数学之王的王同学也向前跨出了一大步,姜同学、吕同学也有了明显的进步。

　　张同学进入初三以后状态越来越好:现在的他第一次抢了全班(也是全校)的制高点后,已经能够高瞻远瞩,制定了冲击广陵区公办学校前五十名的奋斗目标,也理所当然地赢得所有人的点赞。

　　用发展的眼光看待每一个学生,才能千方百计地为学生提供良好的服务,用敏锐的目光捕捉到学生闪光的增长点。学生能与家长、老师心往一处想,劲往一处使,拧成一股绳,才有可能化腐朽为神奇,才能出现一道道美丽的雨后彩虹。学生取得阶段性成功以后,老师要不断提出"跳一跳,够得着"的新目标要求,才能让学生有可持续发展的机会。要努力发现学生的优点,如张同学虽然喜欢做一些一般学生不敢做,又不愿做的事,特别喜欢搞一些恶作剧,但最大的优点是头脑聪明,学习方法独特,爱思考,是可树之才,只要引导得当,就能让他有所建树,这就是我们老师教书育人的责任。请看现在的评语:

　　平时作业很轻松,俨然班级小神童。夺秒争分忙奋进,思维顺畅是真功。
　　学得稳健成绩好,咬定标的不肯松。树立信心能进步,发言大胆感情浓。
　　　　　　　　　　　　　　——张同学(神童)初三第一学期评语

学生在军训过程中

学生在班主任的带领下来到位于三湾湿地生态中心东岸的
玉龙花苑与朱玉龙先生合影留念

◎ 让痞子变才子 ◎

> 张飞临阵真威猛,善解人意智无穷。服从分工顾全局,为人正直似青松。
> 父母挣钱耗时间,独立生活常寂空。珍惜光阴快追赶,明确目标见行动。
>
> ——张同学初一第一学期评语

张同学以前说话流里流气,出口成"脏",作业拖拉,上课爱讲话,给人的感觉就像一个小混混、小痞子(他自己也觉得身上有一点痞性)。但他最近变了,变得文明了,变得守纪了,变得刻苦了,成绩进步了。我认为,他是山重水复见柳暗花明了。

建议让孩子体验家长的生活

我从孩子的口中得知,他的父母都是在外面摆摊卖炸鸡腿、炸鸡翅的。家访地点最好是晚上的公路边。张同学从小没有父母的陪伴,常常是独自一人在家,不但浪费了太多的大好时光,也养成了许多不良习惯。他的家长为丰富扬州人民的夜生活,当然也是为了多挣一点钱,每天一早,就得去冷冻市场拿货,然后回家赶紧制作。一吃过午饭,就得迅速出摊,晚上摆摊要到凌晨1点左右。整天忙得像个陀螺。每个月一次的家长会从未参加过。而张同学还嫌学习太苦太累!我建议家长利用国庆长假,让孩子全程体验家长的生活一天,然后写出体验作文。这个提议得到了家长的支持,收到了较好的效果。

想当体育委员说明有上进心

张同学曾连续两次阅读课不上,和另一名同学在紫藤萝架下闲聊;多次未扫包干区,老师检查发现后,找他谈话,他不但进行狡辩,还反过来振振有词地责问老师说:"我帮别人扫了,她们为什么不帮我扫?"后来,我约请他的父母来到学校面谈。

谈过以后,他原来的错误得到了改正,我及时鼓励他:"你父母对你都是非常重视的,对你的要求也是非常严格的。你也改正得很好,这充分说明你是一个可塑之才。"但好景不长,新问题又出现了。他平时在校时间抓得也不紧,闲聊太多,上课讲话太多,而且听不进老师教育,我行我素、故意狡辩、漏交作业、作弊等,你查作业,他能趁你不注意爬窗户溜之大吉。

这说明,孩子还有心结未能解开,再这样下去,会严重影响他的健康成长。我晚上回家夜不能寐,连夜给他写了一封长信,用以体现一名老师的责任感和良心吧!

我在信中充分肯定他的成绩,严肃指出他的问题所在,并提出殷切希望:"本学期,你的成绩也有了明显的进步,真是可喜可贺。但老师认为,你还没有尽到最大努力,还可以'百尺竿头,更进一步',争取早日跨进优秀生的行列,早日成为一名合格的体育委员,早日成为一名光荣的共青团员。"

后来,我又让一名团员去帮助他,并且承诺以后做他的入团介绍人,这才把这头犟驴拉了回头,张同学一切变得正常了。

综上所说,班主任工作是一项非常细致而复杂的工作,绝不能大而化之,只有用一把钥匙开一把锁,才能真正走进学生的心灵,让他们成人成才。

给张同学的一封信

倔强的张同学:

我发现你身上有很多长处,是一个可以塑造的人才。

第一,你能充分理解父母做小生意挣钱的艰难,珍惜每一分钱,并且将之用在刀口上。学习上,也尽量不让父母操心,即使自己犯了严重错误也想努力改正,不想让父母操心。

第二,你是一个反应非常灵敏而又能言善辩的学生,将来可以做一名出色的律师或外交家,希望你扬长避短,争取实现自己的宏伟理想。

第三,你勤劳而有上进心。由于父母工作时间长,非常辛苦,你能利用自己学习的空余时间为父母分担家务,还为父母做饭送饭。这对一个学习任务重、作业多、压力大的学生来说已非常不易,非常可贵。

但是,由于你从小没有父母的陪伴,独自一人在家,也养成了许多不良习惯。

……

本学期,你的成绩有了明显的进步,真是可喜可贺。但老师认为,你还没有尽到最大努力,还可以"百尺竿头,更进一步",争取早日跨进优秀生的行列,早日成为一名合格的体育委员,早日成为一名光荣的共青团员。但适得其反,事与愿违,师生之间是南辕北辙,发生了诸多不愉快的事。如,复习《从百草园到三味书屋》时,要求背诵默写,你明目张胆地打开书抄写,老师发现后,为照顾你的自尊心,并没有批评你,而是悄悄地帮你把书合上。此时你不会默写,应该打开来继续背诵才是,但你把书放到下面去抄,真是让老师大失所望。事后,老师找你谈话,你倒是振振有词:"不一定能考到。"难道课文规定的背诵默写内容仅仅是为了考试默写吗?答案是否定的。是为了提高学生的文学素养,提高学生写作时的语言表达能力。后来你答应当晚回家背,第二天我课堂上抽查,本想让你展示一下记忆才能,改变一下在同学心目中的形象,但你背得不尽如人意。

老师每天放晚学后留下来进行作业过关检查,你都想混过去。如作文想少写,不完成就想回家,理由还挺充分:"我辛苦了一天,应该回家了。"难道辛苦了一天的老师不想回家,非要与你过不去吗?你小学时作文是强项,现在已经与别人拉开了差距,该清醒清醒了,该端正态度了,千万不能躺在功劳簿上吃老本了。6月19日,你文言文复习默写未完成,我想再留一下,到6点30分放,而你竟悄悄地走了,我把你叫回头后,你又翻窗户离开了教室。当时,我真是怒火中烧,但我还是忍住了,把你叫回头,问你为什么这样。你的回答更让我再吃一惊:"都是因为老师给逼的。"这时,我已经完全失望了。但出于老师的关心,我最后说了一句:"你先回去好好思考,等你想好了再说。"回家以后,我也进行了认真的反思,出了好心,并没有好报,可能是过于心急,方法不当所致吧!如果是这样,老师真诚地向你道歉:"对不起!"

但你有没有认真反思过自己的一言一行呢?

最后祝你心情愉快,心想事成。

希望你成人成才的班主任:丁文宏

2015 年 6 月 21 日星期日凌晨 4 时于家中

清除不良习惯的杂草

张同学,虽然本质不算坏,但因长期以来没有父母监管,浑身上下都是毛病,是典型的"大错不犯,小错不断,我行我素,屡教不改"的孩子。长期积累形成的恶习,要想一朝一夕就彻底悔改,是万万办不到的。需要老师有足够的耐心,不断地提醒,才能有所改观。

1. 无条理

3 月 22 日早读课,朱同学默写好《核舟记》原文后,下面就应该解释加点的字和翻译了。但朱同学一动也不动,显得很委屈也很无辜,看样子是资料没有了。这引起了我的怀疑——因为这个女生一直很细心,资料怎么会丢失呢?一查问才知道是被旁边的张同学借过去了。张同学本来就资料通常不按老师的规定摆放在资料夹中,我行我素,丢头撂尾,要用的时候,翻箱倒柜,手忙脚乱。现在老师追问起来了,他到处翻找,借来的资料就好像有意要与他捉迷藏似的,始终不肯现身,他急得满脸是汗。还好,他脸上还有一些愧疚,一言不发。早读课下了以后,我以迅雷不及掩耳之速,跑到办公室找到样品,又去复印了几份,我估计,丢失资料的可能不止他一人,拿到班上一看,果真不出所料,五个丢失资料的人都蜂拥而来。

2. 聪明反被聪明误

晚自习课上,我宣布,凡做好练习册上《核舟记》这一课的同学,拿上讲台给老师检查后,取回答案去校对。其他同学都一声不吭,紧锣密鼓地忙了起来,唯有这个张同学,东张西望,在等待时机。他的神态早已引起了老师的注意。果然不出所料,当其他同学走上讲台来的时候,他以迅雷不及掩耳之速从抽屉里抽出事先准备好的答案抄了起来。我立马叫他把练习册交来给老师检查,他自知理亏,无地自容,然后交来了答案,认认真真写起了题目。他知道,这才是聪明反被聪明误。不过现在后悔还来得及,明年就再也买不到后悔药了。

3. 偷鸡不成蚀把米

2016年,清明三天小长假后复课第一天,我上课时指导学生背诵默写《送东阳马生序》第一段,有同学到下课已经默好交老师改了,因为我在寒假前就将这一课的理解性资料发给学生,要求学生在寒假时背诵默写了。这次是第二次默写了,实际上是复习。寒假认真背的,现在当然易如反掌;而寒假没有认真背诵的同学,当然困难重重了。我在巡视时,突然发现张同学手动了一下,走近一看,果然发现,默写本子下面藏着一张我发的理解资料,原来,他正在作弊呢!我搜走了资料,批评了几句:"你这就是懂事的表现吗?这就是理解父母,让父母放心吗?"看他无言以对,我就让他拿出书来背诵。但他充耳不闻,估计是这个要面子的孩子又产生了抵触情绪。

4. 站在孩子的角度看问题

想想这孩子也是怪可怜的。他想学好,想进步,想入团。在学校有全班共同学习的良好氛围,有老师不厌其烦的善意提醒还好;一旦放了假,回到家里,他就成了名副其实的"孤家寡人",什么事都要靠自己了,还要亲自做饭。他也知道父母辛苦挣钱是为了自己,自己当然不能让父母操心,但是现实情况是,社会上有网络、电视、游戏等等那么多的诱惑,自己已经散漫惯了的那颗心真的很难收啊;另一方面,升学的竞争又如此激烈,老师千方百计抓学习。老师、社会、家庭这三驾马车,谁的力量大,他自然就会往谁这边倾斜……现在是家庭和社会这两种因素大于老师的力量,关键就要看孩子自己的自制力了。自制力强的人,自然是理解老师和家长;自制力弱的人,家庭作业难以保质保量地完成,别人都会了,他还是不会,要想按时回家,就只好铤而走险地作弊了。

学生在罗永庚集报剪报室认真阅读自己喜欢的报纸

虽然我跟他一起学习过卢梭的话"我独处时从来不感到厌烦,闲聊才是我一辈子忍受不了的事情",学习过周恩来的话"为中华崛起而读书",但他当时能听进去,事后又忘记得一干二净。我们老师真的希望他能清除不良习惯的杂草,独立自学,真正理解父母和老师的良苦用心。

自以为是就会太任性

初二期末考试一结束,学生就已经跨入了初三的大门,就必须争分夺秒。但要想做好学生的思想工作、让他们都自觉主动地学习,有一定的难度。果不其然,张同学又出了岔子。上数学课,为了空调的冷暖,他与同学发生了小矛盾,被数学老师训斥了一下,就背起书包回家了。无论母亲和姐姐如何劝说,就是不肯再上课了。

我打电话给张同学表明我的观点,要求他多反思自己的错误,迅速去上课。后我接到张同学的姐姐发来的短信:

丁老师:您好!用短信的方式真诚地给您说声对不起了,张某再次给您添麻烦了,是我们家人教育得不好,让他养成了自以为是的性格,他的年少轻狂不仅仅给老师们带来了烦恼,更是给他自己以后的人生铺垫了一块大大的绊脚石。一次又一次的倔强任性,让我明白了我们不该一而再,再而三地包容他、顺从他。因为这实际上是在害他呀!即使成绩再好,他的性格不改变,将来走上社会也会碰得头破血流。所以,经过这次的小事情,我和家人做出了决定:如果他不好好反省,及时改正缺点与错误,我是不会罢休的。要想做大事成大才,必须先学会做人,不会做人,学上得再好也是白费。最后再次跟您说声抱歉,请您原谅他的无理取闹与不懂事!谢谢您了,丁老师!

从这条短信看,家长和姐姐都深深感受到了张同学的自以为是,这种任意妄为、不顾他人感受的性格也伤害了很多人。希望张同学结合我为他写的文章、花费的心血以及亲人无微不至的关怀认真反思,争取真正将自己的痞性改正过来,早日成为真正的才子。

为了不让张同学太尴尬,我将他的表现写成了小说。

溜之大吉

教室内虽然灯火通明,可外面的夜幕已徐徐拉开。归心似箭的我早已整理好书包,只等铃声一响,就立即冲出门。

终于挨到了该放学的时间,可该死的语文老师又要一一检查作业……唉,我的眼前和心里早已和室外一样——漆黑一片。

我也深深知道,老师是为我们好,他虽已年近花甲,本可以和其他老教师一样,提前三年回家休息。可在校长的挽留下,他还是把工作放在第一位,坚守在教育教学第一线,教我们语文,当我们的班主任。他只有一个目的,对我们负责,能让我们考上理想的高中;为学校争光,改变学校因生源质量太差而造成的落后状况;同时,也是给自己40余年的教学生涯画上一个完美的句号。因此,他工作兢兢业业,任劳任怨,无私奉献。为了让我们学好最难学的英语,他把宝贵的晨光诵读时间全部让给了英语老师,自己则用边角时间跟我们一起进行夕辉诵读,指导名言佳句的背诵默写,督查不能及时到位的作业,指导课外阅读,进行作文升格训练,指导我们的硬笔书法,等等,一年多来,从不计任何报酬。

从内心来说,我对老师是非常感激的。因为我也想上进。不仅想上高中,想入团,也想报答老师,孝敬父母。但是由于长期离开父母,天马行空,独往独来,我行我素,我既有社会上小混混的不良习气,又像一匹未能驯服的野马,很难管住自己。

为了改变贫穷落后的生活状态,几年前,我随父母从安徽老家来到扬州。父母因为文化水平低,很难找到合适的工作,只能靠做小生意来养家糊口。他们每天上午9点起床后到冷冻批发市场进货,回家后立即马不停蹄地加工生产,一吃过午饭,就抓紧时间睡两个小时午觉,大约下午3点出去站街头挣钱,要到凌晨一两点才能回家吃饭、洗澡,直到凌晨3点才能上床睡觉。一个星期,我只有周日可以见到母亲一面。

因此,每天放学回家,我只能一个人守着空荡荡的家,做饭、洗衣等都得自力更生,哪里过得上像其他同学那样的"衣来伸手,饭来张口"的无忧无虑的生活?孤立感常常会袭上心头,再加上手机、网络上的诱惑太多,自觉性不高的我,常常是糊好作业,就"与时俱进",不是忙于打游戏,就是看电视、玩手机、用QQ与同学聊天,或者与邻居的孩子玩耍。这样不但时间会过得很快,而且有一种满足感、快乐感。长此以往,我就养成了放荡不羁,贪玩任性,随心所欲,我行我素,说话流里流气的性格。因为在家孤独,所以在学校时,上课,我就偷偷讲话;下课,我就拼命讲话,导致作业经常难以完成。一到放学,我又想立即回家,哪有心思完成作业?老师看在眼里,急在心头,经常找我促膝谈心,一谈就是半个小时以上。而我是时好时坏,反复无常,老师请家长来,我是既怕又恨,怕家长为我操心,浪费挣钱的时间;怕家长说我"这么大了,还这么不懂事";又恨我自己管不住自己,恨老师不给我留点面子。

老师为了引导我走上正路,只要我有一点进步,就当众表扬我,以树立我的威信;让我当体育委员,起模范带头作用;选定我为入团积极分子,要我从思想上向团组织靠拢。可谓用心良苦。我也想做好本职工作,替老师分忧,改变自己在同学心目中的形象,努力学习,让目不识丁而又辛苦劳碌的父母少为我操心,但"江山易改,本性难移",自由惯了的我想马上变成一个好学生,谈何容易?

我的内心既矛盾又痛苦,常常受尽煎熬。一天晚上,我爬北侧的窗户,为逃避老师检查作业,溜之大吉了。经过老师和家长语重心长地反复劝导,我已充分认识到自己真的是太任性了,不但让老师操心,家长担心,连同学也会嘲笑我。在此,我诚恳地向老师和同学们说一声:"对不起,我真的错了。"

在小学,我的成绩不算太差,作文还经常被老师当范文表扬,我相信自己有一定的学习能力,如果能像班上的优秀同学一样,分秒必争,主动刻苦地学习,应该有希望让自己的成绩保持在班上前十名,上高中也是有可能的。

请尊敬的丁老师和亲爱的同学们放心,在剩余的一年多时间里,我会尽最大的努力管住自己,努力进步。让我们师生共同努力,争取用知识改变我们这些打工子弟的命运。

老师充分考虑到学生的自尊心,才用小说的形式表现出来。其目的就是,充分发挥语文老师做班主任的特长,用语言文字产生的魅力感染学生,用语言文字塑造的形象感动学生,用语言文字蕴含的思想感召学生。虽然教育张同学这样的孩子,道路艰难而曲折,但毕竟收到了非常明显的教育效果。

能使一个个即将走向歧途的浪子回头,我心里总是感到安慰。后来,张同学不再那么随心所欲了,懂得理解父母和老师的良苦用心了,可惜的是,到了初三,张同学因家事而转回老家就读了,但愿他能早日成人成才。

我的评语也变了:

张飞临阵真威猛,善解人意智无穷。学习成绩有进步,顾全大局听分工。
板凳要坐十年冷,孤独环境好利用。珍惜光阴快追赶,明确目标见行动。

——张同学(律师)初二第二学期评语

◎ 让曲径变通途 ◎

> 青春初期刚到来,稚嫩心园全敞开。愚昧无知险遭难,师长勒马在悬崖。
> 明确目标自奋起,迎头赶上乐开怀。改变形象树威信,管好纪律添光彩。
> ——赵同学初一第一学期评语

赵同学,女,山东济宁人,性格内敛而文静,基本功比较扎实,给我的感觉是一个比较听话的孩子。

初一才进校不久,大约在教师节以后国庆节前,就听说有学生约会了,我把约会的男女生找来,做了一次善意的提醒。因为这是一个敏感的话题,不说不好,说重了更怕出事。最后我还提醒了一句:如果再这样,我将通知双方家长。我以为这样做,会将男女生之间的好感消灭在萌芽状态,还在沾沾自喜。

令人意想不到的是,他们对这一次谈话不但没有听进去,反而认为老师不会再过问,到国庆以后,他们的感情迅速升温,竟然无视校规校纪,从拉手到拥抱,再到接吻,而且从隐蔽走向公开,大有非男不嫁、非女不娶之势。而就在这时,传来邻校初二女生怀孕被劝退,外区初二男生在女生家因跳楼而身亡的消息,让我觉得处理此事刻不容缓。

为了保护女生,我先找来了男生家长,令人没有想到的是,男生的父亲不干涉孩子早恋,认为很正常,只要不影响学习就行了,他们家乡男孩18岁就结婚了;男生的母亲还袒护孩子,认为不会做逾矩之事。

其实,这两个孩子的成绩已经下降了,尤其是男生退步很明显,但两个孩子只是承认自己恋爱了。我多次与其家长沟通,达成了换环境的共识。

通过我多次苦口婆心地说道理,谈理想,女生表示要好好学习。后来我又请来女孩的家长,汇报了整个事情的经过,并就未能与其家长及时沟通做了自我检讨,请家长协助做好女孩的思想工作。后来,女孩成绩上升,初一下学期期末考试,跨进了广陵区前一百名的行列;初二上学期,被评为市级三好生。可见,作为班主任善于、敢于引导学生正确对待心中的风雨是多么重要。

后来女孩写了一篇作文——《倾听暴风雨的声音》,其中有段是这样写的:

那一段记忆难以抹去,就好似七月的暴风雨一般,猛烈而迅捷。

也不知当时究竟有多大的胆子,让我这个平时内敛而又文静的女生竟不顾校规校纪,在初一的时光里,早恋了。周围人的疏忽,让我感到了"偷尝禁果"(指拥抱、接吻)的快乐,也许这是青春初期的懵懂无知吧。

纸是包不住火的,最终还是被大家知道了。经过老师苦口婆心地说服教育,我逐渐意识到了事件的严重性。识字不多吃尽苦头的父母把改变命运的希望全寄托在我的身上了,班上的竞争也是越来越激烈了,倘若这时成绩再下降,可就难补回来了。想到这里,我便追悔莫及。感谢老师和家长让我悬崖勒马。

在彻底摆脱了早恋事件之后,我的成绩果然提高了,从原来的第七名一下子跨越到了第二名。此后,我更加努力了。果然,功夫不负有心人啊!期末考试,我终于攀到了第一的宝座上,成了一名女学霸。这还得完全归功于那时老师苦口婆心的教育和父母严厉的管教啊。特别感谢老师让我悬崖勒马,重走正道,及时挽救了我。正如俗话说得好:"良药苦口利于病,忠言逆耳利于行。"这是我们要时刻谨记的。

在人生的道路上,总会有各种暴风雨的侵袭使人退缩不前,但是我们不能退缩,我们只有像高傲的海燕一样,冲向乌云,战胜心中的暴风雨,才能有希望迎接雨后的绚丽彩虹。

细细品味那暴风雨的声音,我感觉到那是一种不畏困难和挫折,奋勇当先的战斗号角之声。

我后来写给她的评语是:

满怀信心向未来,春色满园多精彩。明确目标自奋起,市级三好乐开怀。

勇争学霸不畏苦,誓为团徽添光彩。珍惜时间勤好问,成绩优异人青睐。

——赵同学初二第一学期评语

　　由此可见,人的一生不可能一帆风顺,否则就会像白开水一样平淡无奇。凤凰只有经过浴火,才能涅槃重生。每个同学都要有战胜心中的暴风雨的决心。

　　后来,赵同学的思想虽然有一些小的波折,偶尔也会发一些小脾气,但都无碍健康成长的大局。

心怀理想朝前迈,春色满园绿叶开。有错能知忙转向,学习稳定乐开怀。
争当模范心甘愿,乐做学神理应该。珍惜时间勤好问,鲜花靓丽靠人栽。

——赵同学(女学霸)初三第一学期评语

◎ 让暗恋变动力 ◎

秋风徐来透心凉,阳光少年暗忧伤。牵肠挂肚难割舍,两地相隔无指望。重整旗鼓树信心,成就学业理应当。待到金榜传佳讯,珠光宝气最辉煌。

——徐同学初一第一学期评语

从暗恋中走出来

从江阴随父来扬就读的徐同学,来到本班后,一直缺少自信,上课不发言,练字无进步,成绩向后退……

第一次找他谈话,是在期中考试前夕。因为他在日记中写道:"最近爷爷得传染病,父亲要回老家探望;母亲坚决予以制止。两人闹得不可开交,甚至提出离婚。我已感到绝望……"

我找到他,和他进行了长时间的沟通,问清了事情的来龙去脉。最后我安慰他说:"你应该相信家长会处理好此事,你是学生,当务之急是专心学习,全力迎接期中考试。"我本想打电话给其家长,他没有同意,并说:"这不会影响我的学习。"但期中考试后,该生成绩退步明显。

开家长会时,我与他的母亲进行了深度沟通。其母明确表示:"请老师放心,我们以后会充分考虑到孩子的感受。"但后来的考试成绩还是不见提高。

某天自习时,我第二次找他促膝谈心。在教室外面,他才完全打开了心扉:"小学四至六年级,有一个高个子女生,长得很漂亮,对我也很好,自己的学习劲头很足,所以成绩良好。到扬州以后,再也见不到她了,心中始终有一种失落感。看到班上的女生并没有认可自己的,因此始终提不起精神来,学习始终处于被动应付状态。"

"你可知道,这是一种情感障碍。"我善意地提醒他说,"这是一种缺少自信的表现。你应该相信自己,离开了别人,自己也一定能学好,一定会超过别人,一定会让人刮目相看。"

为了有个缓冲,我说:"时间关系,今天就谈到这,你好好想一想,老师说的有没有道理?"晚自习下,他找到我说:"老师,谢谢您。"正是:

秋风徐来透心凉,阳光少年暗忧伤。牵肠挂肚难割舍,两地相隔无指望。
重整旗鼓树信心,成就学业理应当。待到金榜传佳讯,珠联璧合凤呈祥。

学会整理学习用具

据徐同学自己说,他小学的时候做事就毫无条理,自己的衣服到处扔,文具就更是要隔一天重买一套。

升入初一以后,年龄的增长和外表的成熟并没有改变他的懒散习惯。学习科目增加了,课本增多了,他找不到课本、作业本和试卷的次数也越来越多,每次找课本都要花很长时间,甚至翻箱倒柜,也无济于事;实在找不到,就只好先跟别人合用。他自己也觉得头疼。他在作文中写道:"一次考试后,我的试卷就好像玩躲猫猫似的,不一会儿就无影无踪、销声匿迹了。"我知道这一情况后,就把他叫过来,并叫他把以前买的塑料文件袋拿出来检查,发现他根本没有按照老师的要求分类摆放资料。我只好再帮助他按照语文、数学、英语等学科分好类,再分小类,如文言文翻译、古诗赏析、试卷集锦等,这样就好找了。后来发现他的书有时也找不到,一查桌子,不仅桌面上乱七八糟,就连桌肚里也横七竖八地躺着他的各种书本。我只好让整理得好的同学指导他整理。一开始,我认为他是故意这么做,所以很严肃地批评过几次,但效果都不明显,他良好的整理习惯还是没有养成。我只好耐心地给他讲解养成良好习惯的重要性和方法,他当时听了好像态度不错,在保持了一段时间的整洁后,乱摆乱放的老毛病又犯了。

　　看到这种情况,我觉得必须给他做一个良好的示范,让他参观别的同学用铁书夹分类整理书籍的成果,了解将簿本分类放在桌肚里的方便查找的好处,再把他领到自己的办公室参观,让他看看,老师办公室有那么多的书籍、刊物、文件夹、相册等等,是如何有条理地摆放在书架上的,那么多的吊兰是如何有条理地放在一边的。如果随便放,又如何有美感可言?查找东西如何手到擒来呢?

　　看过以后,他深有感触地说:"老师这么多书和资料,都摆放得整整齐齐;我只有那么点书,一定能整理好。"那次之后,他就能把各种东西都整理得比较好,找资料也快多了。真是:

　　清风徐来精神爽,阳光少年勤学忙。重整旗鼓树信心,成就学业理应当。
　　逆境之中不放弃,勇渡难关赶前浪。待到金榜传佳讯,珠光宝气最辉煌。

　　读了我写的律诗评语后,他发出肺腑之言:"希望我真的能像老师所说的那样,做得更好,创造更多的辉煌。"

关心学生身体

　　初三上学期末,已进入非常紧张的期末复习阶段。有一天,早读课下,化学老师问我:"听说你们班上的徐同学心口有点不舒服,好些了吗?"

　　我立即跑回教室找他详细了解情况,他说:"我心口间歇性的疼痛已有两天了,爸爸说,等有时间再去看。"我追问:"现在疼不疼?"他说:"疼。"我感到了事情的严重性,立即与他父亲通电话,送他去医院检查。我让一个同学到班长处拿了一张出门证,一边帮他写好出门证,一边安慰他,打着雨伞,陪他到门口等他父亲。我打了无数个电话,在门口等了近一个小时,才将他送上他父亲叫来的出租车上。到了中午,我打电话询问,才知道孩子得了心肌炎,需住院治疗一周,卧床休息一个月才能恢复。

　　寒假中,我还自费买了慰问品,亲自去他家探望。

　　反思:一般的家长,听说孩子生病,而且是在心口,马上就要就医,一秒钟也耽搁不得,怎么可能要拖上两三天,要等有时间呢?再说,这是心肌炎,拖下来,只是多花一点钱和时间,好在他参加了保险,还可以报销大部分。如果是心梗,错过了最佳抢救时间怎么办?所以老师要关注学生的身体状况。

环境徐佳字正方,阳光弟子进学忙。重新规划心远大,争取成功理应当。
守纪遵章忙追赶,跋山涉水再称强。来年金榜传喜讯,宝气珠帘最闪光。

——徐同学(记忆达人)初三第一学期评语

◎ 让幼稚变成熟 ◎

青春萌动闸门开,情感波涛滚滚来。心有旁骛魔缠身,学业难成人发呆。
师长苦口婆心劝,如梦初醒悔不该。刻苦钻研忙学业,满怀信心向未来。

——蒋同学七年级第一学期评语

当好老大哥

新担任初一(4)班班主任时,我就发现一个特殊的现象,班级32名学生中,年龄最大的是15岁,年龄最小的只有12岁。第一直觉告诉我,学兄蒋同学的作用举足轻重。

我首先找到他,详细询问了他的年龄,兴趣爱好,家庭背景,然后对他提出了殷切希望:"你是班上年龄最大的男生,是全班同学的学兄,希望你无论在哪个方面,都要带一个好头,给学弟学妹们树立一个良好的榜样。"他愉快地接受了我的要求。

在秋季校运会上,他参加了男子400米跑,不负众望,勇于拼搏,最后冲刺时,跌倒了迅速爬起来,最终夺得了亚军,表现非常出色。经过改选,他光荣地当上了体育委员。请看同窗刘同学作文的记录:

勇于拼搏

今天,是我们汤汪中学第九届"田径运动会"。我们班出现了一个勇于拼搏的蒋同学。

赛场上的选手们个个摩拳擦掌。我从跳远赛场获得第三名后，就一直关注我的"兄弟"蒋同学。看着他信心满满的样子，我心里十分的兴奋。

半小时后400米的竞赛开始了。哨声一响，蒋同学以迅雷不及掩耳之势向正前方冲去，一路上没有任何的失误，一直保持着第一的位置，但是就在他即将到达终点的时刻，却意外跌倒了，但他立即爬了起来，冲向终点，最终获得了亚军。比赛一结束，作为他"兄弟"的我立刻跑去扶他，随后搀扶着他回到座位上。

在座位上，他一直说"水水……"我见旁边有一瓶矿泉水，立刻伸手去拿，递到蒋同学的手上。在他喝水的时候，我发现他左臂上有一处非常明显的伤痕，那伤痕早已是血肉模糊了。旁边的任同学从口袋里拿出了早就准备好的创可贴，仔细地帮他贴上，生怕一不小心贴错地方弄疼他。这时蒋同学虚弱地说："带我去厕所。"于是我搀扶着他来到了厕所。

在厕所里，他两手撑着水池台，呕吐了起来。我疑惑地问他："你跑得好好的，怎么摔下来的？"他难过地说："快到终点的时候，两腿发软，眼冒金星，就倒了下来。"我关切地问："你是不是缺氧了？"他说："好像是的。"我接着问他："你要不要水喝？"蒋同学说："要。"我立刻跑去买水给他喝，途中遇到了丁老师，丁老师担心地问："蒋同学现在怎么样了？"我气喘吁吁地说："他在厕所呕吐呢。"说完便接着跑去买水。

等我回到厕所时，蒋同学已经被老师带到教室里了。我把水递给他，他漱了漱口，趴在课桌上睡着了。我看到他睡着后心中的石头才落了下来。

事后，蒋同学对同学们说："要不是刘同学来帮我，估计早就撞死在墙上了。"我笑着说："没事，你可是我的'好兄弟'啊，你有困难当然要来帮忙了。"

下午，我那负伤的"好兄弟"又与他的战友一道，一举拿下了4乘100米接力比赛的冠军。

后来，我又把帮助调皮学生张同学的任务交给他。就在这时，他对一个女生产生了情愫，并主动出击，请其他班女生约请该女生出去玩。我了解情况后，做了善意的提醒。他虽承认错误，做了保证，但迟迟没有改变，反而变本加厉。于是，我给他写了一封信。

给蒋同学的一封信

蒋同学:

晚上好,刚才接到你爸打来的电话,才知道你还有点自尊心,还有药可救,在这里,老师首先向你表示祝贺;其次是向你道歉,可能今天,我说的话给你心理上增加了压力。

记得开学之初,我发觉你在班上年龄最大,已是15岁的孩子了。第一直觉告诉我,你在班上的作用举足轻重。我首先找到你,对你提出了殷切希望:"你是班上年龄最大的男生,是全班同学的学兄,希望你无论在哪个方面,都要带一个好头,给学弟学妹们树立一个良好的榜样。"你也愉快地接受了我的要求。

在秋季校运会上,你参加了男子400米跑,不负众望,勇于拼搏,最后冲刺时,即使跌倒了,也能勇敢地爬起来,冲向终点。你虽没有获得冠军,但我觉得,这个亚军比冠军还令人敬佩。

经过改选,你光荣地当上了体育委员。但是好景不长,后来因为跑操要体育委员带头呼喊口号,你没有这个勇气,把体育委员拱手让给了张同学。这是我对你的第一次失望,我开始觉得你就像刘禅一样,缺少男子汉的气概,但后来想想,你可能是性格内向,不能强人所难,只好作罢。

让我失望的还有第二件事。还记得张同学有较为严重的错误时,我让你协助提醒教育他,遵守纪律,用心学习;而你不但没有把他带好,反而与他形影不离,还受了他的影响——作业不到位,自我批改不认真,课堂上随便讲话。

真正让我恼火的是你一而再,再而三地违背自己"不早恋"的诺言,辜负了我对你的殷切希望。开学初,我只是做了一次善意的提醒:"相信你能改正错误,并把精力用在学习上。"你也向我承诺:"保证改正错误,认真学习。"

后来的情况是,你利用我对你的宽容和信任,变本加厉,不但多次约会,后来还公开化。我知道后,对你进行了严肃的批评,从生理、心理、情感、意志等方面进行深度沟通,动之以情,晓之以理,同时请家长协助教育,明确表示,如果不能彻底改正,一是撤销班干职务,二是迅速转学。这才使你如梦初醒,你又在我和家长面前表态:"一定树立信心,明确目标,用心学习。"我深感欣慰,再次给你改正错误的机会。你说:"要有段时间才能改正,第二次月考难有进步,期末会考得好。"

第二次月考后,你向我提出要求,要修改你的评语,我答应了你的要求,把原来的评语改成:"青春萌动闸门开,情感波涛滚滚来。师长苦口婆心劝,如梦初醒悔不该。有错能改拨航向,为班拼搏添光彩。刻苦钻研忙学业,满怀信心向未来。"

　　但后来我发现,你还在与那个女生保持超越友谊的联络。虽然说"一个巴掌拍不响",早恋不是你一个人的责任,但你是男生,年龄又大,又是主动者,所以主要责任在你。为了让你们悬崖勒马,我已经与女生的家长见面,请求协助教育。

　　最后,希望你能明白老师的良苦用心,真正长大。千万不要再口是心非,我行我素了,否则,倒霉的还是自己。老师只能说到这里了,何去何从,还是由你决定。

还想再次挽救你的班主任:丁文宏
2015 年 1 月 28 日晚 10 时

该生后来转校了。

取长补短心门开,学习激情滚滚来。劳动积极学雷锋,争当学兄做表率。亡羊补牢犹未晚,为班拼搏添光彩。刻苦钻研忙学业,满怀信心向未来。

——蒋同学(老大哥)初一第二学期评语

◎ 让潜能充分发挥 ◎

阳光少女心至诚,自称吃货啃书本。情感丰富反应快,办事周到城府深。亭亭玉立争上游,扬长避短在青春。赞颂歌声四面起,心悦诚服真感人。

——周同学初一第一学期评语

学生的潜能是巨大的

周同学,山东临沂人,性格活泼外向,乐于助人,关心集体。父母亲都是从事蔬菜批发的,家里有子女四人。她成绩中游,但学习努力,好学上进。

我看她有潜力可挖,就在考试前一周的某一个下午,找她来促膝谈心,了解各方面的情况后,对她充满希望地说:"你是个乐观向上的女生,只要你努力,就很有希望进入前五名,到那时,我给你留一个'勤奋学习标兵'的位置。"她微笑着对我说:"老师,我会努力的,能不能如愿以偿,我还没有什么把握,只能试试看。"孩子的回答中,既有坚定的信心,又留有余地。

就是这一番话,被这个学生记到心坎里去了,在她的心中荡漾起了层层涟漪,点亮了她努力奋斗的心灯。

在考试前夕,她一改往常做事毛毛躁躁的毛病,回家争分夺秒,拿起了资料,认真复习;翻开了课本,认真背起了课文;拿起了笔,研究起了难题,进行了一番昏天黑地的演算……不到半夜不熄灯,常常是感到五根手指酸麻了才肯休息;凌晨五点多钟醒来,在精力最充沛的时候背英语单词。夸张一点说,是"睡得比狗还迟,起得比鸡还早"。她坚持奋战了一周,直到考试的前一天晚上,才早早地上床睡觉,养精蓄锐,准备第二天与考试"决战"。

她回忆说:"考试那天,阳光明媚,好似对我这次考试发出了最美好的祝福。考试前,我整理好自己的心境;考场上,我浏览完试卷,感觉到仿佛做过许多遍一样。然后提笔、答题、检查,一气呵成,答题得心应手,如鱼得水;字也如行云流水,美观大方。完成后,我长舒了一口气,再用余光看看周围的同学的神情,有兴奋的,有郁闷的,也有懊恼的。当然大多数同学还是埋头苦做。而我此时是心静如水,因为我奋斗过,不管结果如何,我都无怨无悔。"

期末成绩公布后,她像一匹黑马,顺利地闯进了前五名的行列,如愿以偿地获得了"勤奋学习标兵"的光荣称号。她跟自己的好朋友说:"你无法理解我当时激动与兴奋的心情,那是无法用语言来表达的,因为仅仅一个星期浸透了奋斗汗水的苦战,我就从一个普通学生一跃进龙门,就当上了优等生。这要衷心感谢老师这个伯乐的激励。"从此,她平步青云,一路顺风,登上了那不胜寒的学霸高处。

真是:

阳光少女心至诚,奋力拼搏不忘本。情感丰富反应快,办事周到功夫深。努力拼搏争上游,扬长避短在青春。赞颂歌声四面起,心悦诚服受人尊。

人是铁,饭是钢

"民以食为天。"作为班主任,管好学生的吃饭,对学生健康负责,我责无旁贷。

周同学个子一米七五,但中午只吃一点点,还不到男生的五分之一。真像是猫食。我找她谈过几次,从身体发育和学习任务繁重所需要的营养谈适量饮食以及荤素搭配、均衡营养的重要性。她先是答应,后又说母亲要她减肥,总是在搪塞敷衍。2016年12月21日中午,她只打了一两米饭,半勺豆腐,另外的菜烤火腿肠、黄芽菜百叶炒肉丝一点也没有打。一旁的英语老师也说她吃得太少。我一看,时机已经成熟,便端着她的饭盆,帮她打了两根火腿肠,半勺黄芽菜百叶炒肉丝,就站在旁边看着她吃。

她带着畏难情绪吃完了自己打的饭菜后,站起来想走,我给她打的菜一口未吃。我拦着她说:"不吃完别想离开这里。"她又用汤匙一点点地吃着烤肠,吃了一根后再次站起来想走。我毫不客气地说:"你跟我握一下右手,如果没有疼的感觉,我就放你走。否则,只能吃完再走。"她又吃完了另一根烤肠,真的站起来伸出了右手。我同时伸出右手,握住她的手揉了一下,她疼得叫了起来,然后坐下来,老老实实地吃完了黄芽菜百叶炒肉丝。她吃完后,我又说:"今天还要帮老师完成一项任务:把今天的握手的感受告诉冯同学、陈同学等因挑食而吃得少的女生。"她笑着说:"知道了。"这一杀鸡骇猴的动作的效果还真不错,从此以后,再也没有人敢只吃一点点了。

后来,我与她母亲交流,在谈完了学习上的事以后,就谈到了孩子的吃饭问题。周同学母亲说:"我和她爸在市场批发蔬菜,还用了两个小工。共有四个孩子,周同学是老大,老二也在这所学校读初一。家中还有老三和老四。因为工作很辛苦,所以从来不做早饭。大女儿周同学因上晚自习,每天给十元,二女儿每天给七元,早饭自理。中晚餐都是饭店送,都是送一点她们喜欢吃的菜。"

原来,家长图省事,觉得给钱就是最大的爱。孩子自购早饭也造成了孩子口味越来越刁。

既然问题出现了,总得有个解决的途径。最后老师与家长商定,让孩子到指定小吃部吃指定的早餐,每天可不一样,最后由家长结账。这不但可以保证孩子每天吃到热的早饭,还可以确保安全。

由此可见,吃饭绝不是一件小事,希望引起学生、家长和老师的共同重视。必要时,可采取一些强制措施,直到学生形成良好的卫生习惯为止。

周同学的变化有目共睹,她自己也将这些变化记录在了作文之中。

那个影响了我的人

光阴似箭,日月如梭。转眼间就临近毕业。站在教学楼的最高层,望着初一学弟学妹的嬉戏玩耍,才惊觉自己改变了不少。而那个影响了我,"逼"着我变的人是语文老师——文。

文老师的年纪不小了,刚进初一的时候听说其语文教学质量极高,是长老级别的人物,心里自然对其有几分敬意,可当他布置作业时,心里的敬佩之情一扫而空,取而代之的是不满与怨恨。"每日一作,要求字迹工整、语句优美,字数不少于六百字。这本练习册要求你们……"天呐!这本书字小还厚,《辞海》里的字远不及它多呀!还有其他那么多练习册……我是初一生!可师命难违,只能乖乖听命。我们每当写语文作业,写到很晚时就骂老师,班上的学生还给他起了一个别致的外号"老文",每节体育课上也有对他的批斗大会……初一就这么过去了,印象最深的是他那句话"我知道你们在背后骂我,但到了初三你们反倒会感激我",当初还不屑一顾,现在真的应验了。

　　就像仇敌一样,我与文老师斗了两年,读名著,走马观花——糊;默古诗,投机取巧——抄;描字帖,心不在焉——画。魔高一尺,道高一丈。老师虽然每天听着我们的骂声,但逼我们改变这项工程从未停过工。渐渐地,我们也妥协了,人心都是肉长的,当老师一次又一次地宽恕,一次又一次地关心,感激的种子悄然萌发,虽不知它何时会长成参天大树,但它仍在生根发芽。

　　初三第一学期广陵区期中统考,我们班上有五人冲进了广陵区前100名,作文大赛我们班上也有人获得一等奖,报纸上也经常发表我写的作文……老师的关心与呵护,如春雨般"随风潜入夜,润物细无声",我也在他的滋养下茁壮成长,心里那颗感激的种子也在潜滋暗长。

　　现在我才恍然大悟,原来老师真的是为我好。这一下就开朗了,老师那句话就预言般实现了。以前总说食堂饭菜难吃,难以下咽,若非老师监督教育,我恐怕就只会买点零食草草了事,而现在明白了:"人是铁饭是钢",没有营养,缺少精气神如何学习?以前默文言文总是多化少,少化了,但现在明白了"学习是为自己"的深刻道理,文言文开始主动要求默写……以前的种种表现,现在回想起来实在是可笑之至,可幸亏文老师不与我这般幼稚的孩童斤斤计较,否则我的前途甚至人生肯定是一片黯淡。

　　"种瓜得瓜,种豆得豆。"文老师既然种下了努力与希望,我们这些种子怎能不生根发芽呢!恰似北野武的那句话,把它改写一下就是:"他们和我哪里不同?没有。不,只有老师不同。"昔日调皮鬼已成为一位亭亭玉立的少女,文老师那位影响我的人,能否有幸多年后再聚?

这是初三上学期期末考试的一篇全命题作文,因考场作文不能出现真实的人名,所以把丁文宏老师改成了"文老师"。

　　简评:这篇考场作文采用对比的手法,生动地记叙了自己初一、初二幼稚时对老师的叛逆和初三懂事后对老师的深刻理解以及取得优异成绩后对老师的感激之情,老师看到孩子的健康成长,感到再苦也是值得的。

　　请看评语的变化:

　　阳光少女好心诚,奋力拼搏最认真。情感丰盈思缜密,品行端正意虔诚。拼搏奋力前头走,避短扬长后面跟。赞颂歌声八面起,惜时抓紧在青春。

　　——周同学(学者)初三第一学期评语

◎ 让自信生根发芽 ◎

开弓没有回头箭,取长补短能逞强。逆境之中早奋起,力争上游理应当。
性格温和朋友多,乐于助人做榜样。梦想成为书法家,金丝楠木做栋梁。

——张同学初一第一学期评语

为受委屈的女生指路

张同学是一个非常文静的女生,但她的一篇日记触动了我的心弦。她在2014年11月6日的日记中写道:"今天,是我极为悲伤的一天。"看到这里我的一颗柔软的心突然悬了起来:究竟为什么呢?

今天,我在家写作业,弟弟总是在旁边捣乱,口中还不停地说我。我忍无可忍,对他大吼一声。妈妈听到后,认为我在虐待她的"宝贝儿子",就不分青红皂白地教训了我一顿。

读到这里,我为自己的学生鸣不平:"为什么到今天,还有许多家长重男轻女?"由此,我想起了班上的另外一个姓冯的女生也有类似的故事。

13年前,我还是一个婴儿,就失去了亲情。刚出生,整个家庭都嫌弃我,按照姑父提议,我被抛弃到荒郊野外,最终是我祖母救了我……现在我虽然有家,但完全没有家的温暖。在这个家庭中,永远是两个家庭,一个是父母与弟弟的家庭,另一个是有我这个累赘的家庭。他们总是将我忽略,让我心中产生可怕的阴影。

读到这里,一种怜悯之情油然而生,同时,也觉得有必要疏导孩子的心理,有必要做一点细致的思想工作。

午饭后,我将有弟弟的女生一起请到我的独立办公室来,让张同学读自己的日记。她刚读了三分之一,就已经泣不成声了。所以,我让班长郁同学帮助她读,读完后,张同学已经哭得像个泪人儿。郁同学连忙跑过去,抱住张同学,用手不停地在她后背上抚摸安慰。

待气氛缓和后,我为她们讲了一个故事:以前,我校有个女孩,和在座的女生一样,在家备受父母的歧视,但这个女孩觉得,在生活上只要能吃饱穿暖就行了,其他都不重要。而在学习上要自立自强,顽强拼搏。后来她考上了扬州中学,考上了重点大学,读了博士研究生,最后成立了幸福的家庭,让父母引以为豪,而备受父母宠爱的弟弟反倒一直让父母操心。

另外,据我了解,张同学小时候是学过舞蹈的,舞跳得很不错,说明家长还是想培养的。至于小时候想丢弃,也不知是真是假,其实张同学也是听说的。即使是真的,也是她的家人没有文化、不懂法律所致,他们实际上是犯了遗弃罪!当然还有农村传统观念的根深蒂固,他们都认为,不生一个男孩子,决不罢休。更有甚者,男女双方需先生孩子,而且要生出男孩子,才能正式结婚。否则,祖上就无光。这些陋习都需要改变!

郁同学在第二天的日记中写道:"知道了张同学的生活状况后,才明白她性格内向的原因,更理解她一直不愿说家里的事的苦衷。既然不能改变生活,那就要适应生活,穷则思变,发愤图强。用实际行动证明:巾帼不让须眉。虽然如此,但我们希望张同学快点振作起来,好好学习。"

张同学后来写道:"老师讲的一些故事,令我受益匪浅;老师的话让我改变了委屈和自卑的心态。老师,您放心,我不会再彷徨,我会笑对人生,以乐观的心态对待生活中的不愉快,向着您指出的光明大道奋勇前进。"

因此,对孩子的教育要和风细雨,循循善诱,才能滋润他们的心田,如果缺乏足够的耐心而急于求成,只会事倍功半,甚至会适得其反。

帮助学生树立自信

因为张同学的成绩平平,所以家长总是认为她无用。她自己也认为自己只能如此,成绩下又下不去,上也上不来,常常是心急如焚。

　　对于这样的同学,我们唯一的办法,就是帮助她尽快树立信心。学习暂时不能有所突破,我们就先从外围开始挖掘她身上的闪光点。

　　初一下学期的儿童节要到了,这是学生进入初中以后的第一个儿童节,又是人生中的最后一个儿童节。这标志着他们一生中儿童时代的结束,青年时代的起航。因此,这个儿童节,大家都很重视,学校少先大队要搞庆祝活动,各中队要出节目。我首先让文娱委员深入了解情况,然后根据各个人的特长,再决定节目形式。听说张同学曾经学过舞蹈,所以我决定由她来一个独舞。我首先让文娱委员当好她的高级参谋,然后有计划地安排训练时间,我也适时进行鼓励。经过一段时间的准备,她选演时就崭露头角。这时我及时找到她,鼓励她克服畏惧心理,争取为班级争光。演出那天,我班的女生都为她鼓劲加油,最后她一鸣惊人。班长还特地为她写了篇点赞文章,有效地增强了她的自信心。从此以后,她变得更加关心集体了。学校体育运动会上,她发扬努力拼搏的精神,为班级争光,很快融入了班级竞争的环境中。

　　信心有了,但在学习上还是要有所突破才行。我是语文老师,有得天独厚的条件,完全可以通过作文了解学生的内心世界,也可以利用作文为突破点,树立学生学习上的信心。我发现,张同学的作文写的是比较长的,这说明她的写作思路是比较开阔的。但是写得不是很生动,语言也不简明。我就具体指导她如何忍痛割爱,挤掉一些可有可无的水分,再围绕主题,运用各种修辞手法,增加一些生动的描写,这样她的作文水平就有了明显的提高,开始在《扬州晚报》上发表了一些外出采访作文。后来,正当城庆之际,扬州举行了第十次世界马拉松比赛,我们班的学生争取到了志愿者服务的资格。大家不仅在标语口号方面做足了准备,对马拉松比赛也做了充分的了解,活动那天,同学们穿着整齐漂亮的校服,举着《扬州晚报》小记者的旗帜,拉着"十年扬马,与城同庆"大红横幅标语,来到了目的地,为运动员们鼓劲加油。同学们目睹了运动员们矫健的身影、喜悦的表情,深切感受到运动员们顽强拼搏的精神风貌。活动结束后,张同学写的一篇作文《十年扬马,与城同庆》,因叙事具体,描写生动,富有时代气息而发表在《全国优秀作文选》扬州版上,她终于如愿以偿地实现了自己的梦想。这可让她扬眉吐气了,她的家长也认为女儿不再是一个无用之人了。

当然，这只是一个新的起点，升学的万里长征才走完了第一步，以后的路还很长。而她自信的心灯被点亮了，自然就有拼搏的劲头了。

　　进入初三以后，虽然家长还是忙于挣钱，始终抽不出时间来管孩子，但张同学，还是能认真学习，参与班级的竞争，努力做一个合格的初中毕业生。

　　开弓没有回头箭，补短增长必逞强。刻苦学习须努力，勤劳工作理应当。
　　温和相处亲朋聚，帮助他人意志刚。梦想成为舞蹈家，金丝楠木做脊梁。

　　　　　　　　　　　——张同学（追梦者）初三第一学期评语

◎ 以自己的形象给同学树立良好的榜样 ◎

忧郁烦闷不济事,洗面昭雪自奋蹄。惜时如金做学问,争分夺秒绣工艺。反败为胜做学霸,竞选班长玉如意。团结学友共奋进,为班分忧创业绩。

——郁同学初一第一学期评语

郁同学,徐州邳州人,父母亲都是靠贩卖杂树为生的,家中还有一个弟弟。因为入学成绩较好,所以我让她当了班委,但一谈到理想,她还是一脸的茫然。虽然她自信心不足,工作能力又稍微弱一点,但是她性格温和,学习认真踏实,成绩也不错。就是因为基础问题,数学一直拖总分的后腿,导致成绩下降。

我找她推心置腹地谈了一次话,说:"我已58岁了,到了学校规定的内退年龄,其他同龄人都回家颐养天年了。但学校因为我是扬州市特级教师,将教你们语文和做你们班主任的重任交给我,这是对我的最大信任。我只有铭记曹操'老骥伏枥,志在千里'的远大抱负,为自己加油鼓劲,努力做好工作,和同学们一道拼搏,争取三年后能多几个学生考上高中,才能不辜负领导的期望。"

我告诉她,在工作之余,我还坚持读书写作,为的是和同学们分享那份喜悦和幸福;并且告诉她,即使教完他们这一届关门弟子,我也会以其他方式继续教书育人,继续读书写作。她看到我满腔豪情,自己似乎已热血沸腾,想要大展身手,在作文中写道:"丁老师有杜甫'会当凌绝顶,一览众山小'的自豪,我也要有王维'欲穷千里目,更上一层楼'的雄心壮志。在他的影响下,我知道要有'初生牛犊不怕虎'的精神。"她开始利用一切可以利用的时间研究数学难题,经过近一个学期的努力,终于又登上学霸的宝座。

后来,我提议让她当了班长。她说:"过去对考扬中或是附中,都觉得是可望而不可即的事情;现在我感到四星高中的大门不再是跨不进,梦寐以求的录取通知书不再是一种幻想,只要现在搏一搏,升四星高中指日可待。"

她看了我写的文章后说:"丁老师的文章或似潺潺流水般缓和,或似高山峻岭般雄伟,或含蓄婉转,或直击心灵。也正因为如此,他才成为广陵区作家协会理事,扬州市作家协会会员,达到了我们无法达到的理想境界。也许是羡慕,也许是嫉妒,他的成功让我铭记,他是我赶超的方向。"正因为有了这样的认识,她的语文成绩才接近优秀,她的作文才进入一类文的行列。

过去的寒假,她是与懒觉、游戏、红包一同迈向新年;现在的寒假,她冲玩乐说声"再见"后,就埋头苦干,笔尖在纸上"唰唰"地跳舞,一张张试卷成了她的手下败将。因为她感到无数同龄人比她还苦,正是这种感受推动着她努力奋进。可见,她现在已适应了激烈的竞争环境,认为是激烈的竞争刷新着她的生活,让她从懒惰到勤奋,从埋怨到理解,从被动到主动,从怒气冲冲到心平气和,从年少无知到从容淡定……一刻也不放松地认真学习。

正如喷泉的美丽离不开压力一样,学生的健康成长也离不开竞争的压力,只有点亮他们主动参与竞争的心灯,才能让他们勇立潮头。要让学生知道,如果不是形势所迫,没有一个士兵是心甘情愿上战场的,然而没有战场的洗礼,哪有英雄的诞生?考场犹如战场,每一分都决定自己将来的命运。

郁金香里传喜讯,雪映红梅自奋蹄。惜时如金忙理科,争分夺秒问问题。
逆水行舟再加油,明确方向玉如意。团结学友共奋进,为班分忧创佳绩。

——郁同学初一第二学期评语

后来,班长也得到了副班长姜同学的点赞。

为班长点赞

在世界上有太多令我们赞颂的人,这些人发扬了我国的传统美德,而在我们班上,也有个值得赞颂的人,她就是班长。

自从班长被选上以后,就非常尽职。当老师不在班上时,她就在为维护班级秩序而努力。只要有人想破坏纪律,她就会想方设法来阻止他们。

一天下午,老师要去开会,叮嘱我们几句就离开了,并把管理班级的任务交给了班长。班长在暗中叫我把那些屡教不改的人的名字给记下来,下课交给老师。刚开始几分钟,一切风平浪静。可是过了几分钟,有些人就骚动起来。

张同学开始小声讲话,我拍了一下他的头,小声说道:"安静。"可他不但不听,还说:"不要你管,我自有分寸。"说完,便变本加厉:先是使用"千里传音"之术,和第5组的人传"哑语",再直接讲话。班长看了他一眼,说:"张某某,你给我安分点。"可是张同学对班长的警告无动于衷,依然我行我素。过了一会儿,张同学拿起一张纸,把它团成团,用力扔向第5组的一个人,刚好打到班长的头。班长忍无可忍,左手握紧,右手攥紧了笔。过了1秒后,她双手拍桌,大喊一声:"张某某,你要是再这样的话,就别怪我无情!"班长的尽职值得我们学习和赞扬。而张同学既扰乱了班级秩序,让自己的成绩下降,也妨碍别人学习,简直成了班上的一条泥鳅。

下课时,我问班长:"这些名单要交给老师吗?"她歪着头想了会儿,说:"这次就算了吧,毕竟被老师罚起来也很惨。"听到这话,我不禁赞叹班长的宽容大度。

大千世界,有很多值得我们赞扬的人或事。但更多的是我们从中学到的品质。我要像班长一样尽职和大度,也要学习她提高成绩的方法,使自己的成绩更优秀,和她一起管好班级秩序。

德国哲学家雅斯贝尔斯说:教育意味着一棵树摇动另一棵树,一朵云推动另一朵云,一颗灵魂唤醒另一颗灵魂。由此可见,班主任如果能以德服人,以德树人,对点亮学生的心灯是大有裨益的。因为这种影响像春雨润无声一样,是潜移默化的,是别人无法替代的。

郁同学初三上学期参加了扬州市中学生与社会现场作文大赛荣获一等奖,诗歌竞赛荣获二等奖;参加江苏省中学生与社会现场作文大赛荣获二等奖,作文《一则旧日记》荣获"全国新世纪杯作文大赛"三等奖,被选入《全国优秀学生作文选》扬州综合实践版。她以扬州市当年中考作文题写的习作《留香》被选登在《语文报》中考版上。学习成绩也呈上升趋势。

郁郁葱葱挡恶泥,红梅雪映志为梯。惜时勤问攻理数,抓紧钻研解困题。
逆水行舟须奋斗,作文赛场打根基。带头作用先发挥,再为班级握桨楫。

——郁同学(领头羊)初三第一学期评语

◎ 被诗歌激起斗志 ◎

自强不息终扬眉,彬彬有礼友相随。分秒必争勤好问,为伊消得人憔悴。
一丝不苟忙工作,精神抖擞人敬佩。谦虚谨慎不停步,奋起直追显光辉。

——冯同学初一第一学期评语

由于上小学时的懒散,冯同学对学习很不重视,作文中错别字连篇。如,将"应该"写成"因该",将"彻底"写成"切底",将"怄气"写成"欧气"或"沤气",将"纠正"写成"揪正",将"绊脚石"写成"绊腿石",将"这届学生"写成"这界学生",把"这首诗"写成"这道诗",把"基础"写成"其础",等等,让人哭笑不得。

我告诉她:"错别字就像是一个个十恶不赦的罪犯,它们会毁了你的美好前程。我现在已经把它们揪出来示众。请你今后将它们关好,别再让它们出来害人。"

她在作文中说:"小学老师每次只仔细看好学生的,所以我的错别字没有得到及时的纠正,正验证了'养病如养虎'的名言,到了初中,那张牙舞爪的错别字便成了我上高中的'绊脚石'。"由此可见,学生写那么多错别字,自己也是心急如焚,如不下大力气纠正,后果不堪设想。我每次都认真批改她的所有语文作业,只要是改出来的错别字,一定要求她及时查字典弄清意思,有些字还帮助她从字的间架结构上来理解。我要求她在错的地方订正五遍,在错题集上订正五遍,加深印象,若还有错误则翻倍订正,以引起该生的足够重视,打响一场消灭错别字的攻坚战。她努力做到同样的字不错第二遍,经过一年的努力,错别字减少了很多。

她在作文中写道:"班主任如春蚕般默默吐丝,如蜡烛般悄悄燃烧,他没有抱怨我们这届学生基础薄弱——广陵区倒数之一,没有抱怨我们调皮、不听话,只是像春雨滋润万物一样,不声不响地把我们慢慢地引入正确的道路。是老师用对工作极端负责任的态度点亮我的心灯。"

初一上学期末,我开始用诗歌形式写评语,冯同学读了我初一第一学期给她的评语诗之后,在日记中写道:

诗是诗人智慧的结晶。今天,我们的班主任(兼语文老师)给我们每个人写了一首诗,用以代替往常的评语,而且每个人的诗都与众不同,能让你深刻意识到自己的优点和缺点,感悟到老师对自己的殷切希望。我还记得,小学老师的评语都是从网上下载的,然后再套用而已,这学期用在我身上的评语,下一学期可能用到别的人身上,完全没有按照学生本身的优缺点来实事求是地写出有个性的评语,因此,学生的评语与平时的表现无关,学生当然不用改正自己的不良行为习惯了。

而丁老师写给我们的评语却不一样,每个人的评语都有独特的个性,评语提前写好,征求学生和家长的意见,发现不足之处还可以在后一阶段改正。只要你表现好了,丁老师还可以将你的评语改得更好。

老师写给我的诗表面上没有指出我的缺点,但是我却感到自己的不足。就说最后一句吧,我觉得在我还没排上前五名时,还不算是"显光辉"。因为我们学校扬中的名额只有五名,只有进入了前五名,我上好高中才有希望;如果我考不进前五名,那胜算就不大。

我必须像老师所说的那样:"谦虚谨慎不停步。"倒数第三句,我还没有做到"人敬佩",但我会向着老师的殷切希望去努力。我还要向朱同学学习,做到分秒必争。她的时间,可以说是利用得很充分,几乎没有一点浪费。所以她也一直在前十名,是我学习的榜样。

有了这首诗,我就有了学习的动力,更要奋发向上,争取让老师把评语诗改得更好,让一首好诗随我一生。我不想身上满是缺点,我要竭尽全力,冲刺广陵区公办学校前百名。

我知道,这是学生对班主任的认可,从此这个孩子学习很努力,对生活委员的工作很负责,成绩也在不断进步。

冯同学在扬州三湾湿地中心的玉凤台前留影

巾帼不想让须眉,努力学习友相随。夺秒争分勤好问,宁神静气快前飞。
待人和气心情爽,处事精明意志归。逆水行舟先迈步,彬彬有礼显光辉。

——冯同学(居上者)初三第一学期评语

◎ 点亮学生拼搏的心灯 ◎

> 百花园中一玫瑰,文学天才吕某某。性格豪爽情感丰,课堂发言显智慧。英语基础不扎实,数学天地显暗灰。扫除阴霾有妙计,唯解漫天作雪飞。
>
> ——吕同学初一第一学期评语

吕同学是班上唯一的本地人,父亲初中毕业,做保安,早上六点十分上班,晚上五点五十下班,工作将近十二小时;母亲高中肄业,在汽配厂上班,早上七点半上班,晚上八点左右下班,工作也是十个小时以上。父母工作时间都比较长,但工资都不算高。家庭教育管理都是粗放式的口头督促和不定时的交心谈话,但没有具体检查,全靠孩子自觉。

吕同学长得眉清目秀,亭亭玉立,是一名活泼开朗、心地善良的女生。她是语文科代表,最大亮点是文科成绩良好,课堂发言积极;又是体育特长生,体育运动会上有她矫健的身影,不仅在学校运动会上为班级获得团体第一立下汗马功劳,也在区运动会上为学校荣誉做出过杰出贡献。

但她上课注意力不够集中,随意性很强。如,纪律规定,除了喝水外,教室里不能有其他饮食行为,而她会带一杯牛奶,优哉游哉地从上课一直喝到下课;你若批评她,她倒是很干脆,马上扔进垃圾桶,但腹诽的时候很多,嘴里还会嘀咕几句,以表示不满。天气稍热时,教室里有四台电扇呼呼地吹着,她可能是下课动得多了,浑身燥热,手里始终拿着一把手折的纸扇摇个不停。上课时常不听讲,在下面看自己的书,做自己的作业,或者是对着天花板愣神,课堂答非所问,作业不知在何处找。自习课上,她会时不时地抛起一个小东西,接住,再抛出去……老师示意她注意,她就像是车子有惯性,一下子刹不住一样,还要再抛上一两个。班级一有风吹草动,她总要看个热闹。人家带手机,藏手机,本不关她的事,而她偏要夹在里面看热闹。老师采取各种方法进行多次教育,但都是收效甚微。所以她学习成绩,尤其是理科成绩不太理想。老师是看在眼里,急在心头。像这样一个可爱的女生,如果不能考上理想的学校,岂不可惜?

我第一次找她了解情况,才知道她对体育情有独钟,从小学到初中,一直都在体育上拼搏:做准备活动,尤其是压腿时,流过痛苦的泪水;在跑道上洒过激情的汗水;拿到冠军时,有过胜利的喜悦……可以说,她大部分的喜怒哀乐都体现在体育上,而对待学习,只是一般应付,并没有主动钻研。父母也没有过问孩子学习成绩的优劣,总认为孩子只是贪玩,没有学习的天赋,只指望孩子能通过体育加分上高中。

我初一找她谈过几次话,旁敲侧击地告诉她,数学成绩在整个初中学习生活中非常重要,不能忽视,劝她及其家长引起足够的重视。然而孩子和家长都没有领会老师的苦心。

直到初二上学期,她的数学成绩才有了一点起色,我发现亮点后,立即找她谈话:"这次数学进步明显,说明你并不是学不好,而是以前在学习上并没有用上体育的拼搏精神,只要你能像其他同学一样,不仅在体育上,而且在学习上,顽强拼搏,就一定能取得好的成绩,再加上体育特长生的分,就一定能考上四星级高中。所以,老师希望你一定要树立信心,把体育的拼搏精神用到学习上来,和同学们一起战斗,直到实现理想的高中梦。"在那一周的班会课上,我在班上大张旗鼓地表扬了她,全班同学也都为她鼓掌加油。

后来,她找到我说:"丁老师,我以前确实没有雄鹰那展翅高飞的宏伟志向,直到今天,我才感到,真正了解我、并给我启迪的是您。从今以后,我一定不辜负您的殷切希望,主动学习,刻苦钻研,顽强拼搏。"后来,她数学课认真听讲了,作业也会写了,成绩也上来了。真是:

百花园中一玫瑰,文学天才吕某某。性格豪爽感情丰,课堂发言显智慧。
文学用功基础实,数学天地显神威。实现理想有妙计,唯解漫天作雪飞。

这一评语,不仅指出了该生的学习亮点,而且概括了该生的性格特点;不仅提出了老师的殷切希望,而且指出了有效方法:用清白的雪,保持一种纯洁的心灵,洗尽自己的贪玩懒学。

　　从此以后,该生在学习上的拼搏心灯被成功点亮,现在各个方面都有进步,她已光荣地加入中国共产主义青年团。现在,父母对和孩子的交心、理解、鼓励更加重视,所以孩子也变得更加用心。我们完全有理由相信,只要她能集中精力,持之以恒地把体育上的拼搏精神用在学习、生活的各个方面,就一定能成长为一个优秀的人。

　　百花园里鲜花醉,体育天才吕某某。工作豪杰情感富,学习刻苦道德归。
　　群书博览心情好,数理钻研智商培。集体关心能力棒,天高海阔任你飞。

——吕同学(作家)初三第一学期评语

◎ 点亮学生练习硬笔书法的心灯 ◎

赵氏大姓第一名,书法进步得冠军。唯有语文见效快,落后科目有数英。亡羊补牢犹未晚,浓缩精华苦学勤。学习方法需改进,成绩进步靠信心。

——赵同学初一第一学期评语

赵同学是山东临沂人,父亲初中毕业,在装饰城送货,母亲在菜场卖菜,都没有时间管理孩子。因此,她家没固定的家长管,有时父亲管,有时哥哥管,有时就无人管。该生在班上虽然成绩平平,个子又是最矮,但短跑最快,在校运会上,是一百米跑的冠军。

初一上学期,我带领团队成员,研究江苏省"全面改善贫困地区义务教育薄弱学校基本办学条件工作专项"项目"走向成功的语文课程建设"时发现,中考作文书写分为三分,按照当时学生的书写态度和实际情况,如果听之任之,最好的也就只能拿两分,多数人只能拿一分,还有部分写字歪斜,结构松散,敷衍了事的学生可能一分都拿不到。

我开始组织学生进行硬笔书法练习,想以此为突破口,端正大家的学习态度,让大家养成良好的书写习惯,而赵同学本以为自己会像小学时一样,不会被老师关注,就没有打算好好练。一开始,我让学生在书法课上描红,多数同学还比较认真。后来,学习越来越忙,时间越来越少,我让学生把练字本带回家作为家庭作业完成。有些贪玩、没有那么高自觉性的学生认为老师不会严格检查,练字就没有上课时那么认真了。

让学生出乎意料的是,我每天上午都要把练字本收上来检查批改,到书法课上,还要集中讲评,然后面批讲解。

　　有一天书法课,我将赵同学叫到面前,先指出她写的字总体端正,但离书法的美观要求还有明显的距离,再跟她一一讲解,哪些字间架结构不对,重心不稳,哪些字的笔画和长度不对,有什么问题,应该怎么写。这就让她心服口服地接受了老师的指导,刷新了她的观念:原来老师并没有放弃任何一个学生。

　　一次她在作文中写道:"老师的细心指导让我没有理由不认真练字,而且让我可以在没有老师监督的情况下,也能好好练字。功夫不负有心人,在老师的耐心指导下和自己的努力下,我终于把丑陋的字变成了刚劲有力的美丽的字,不但过了书法六级,而且作文书写也漂亮了。"书法的进步提高了该生学习的信心,她后来还逐步改掉了一些不良习惯,把短跑时的那种拼搏精神用到学习上来,成绩有了明显的提高。

点到为止

　　2016年夏天,学生正在上课。我发现天气太热,那几天高温达到38度,我就为每个学生买了一瓶冰红茶,让班长和科代表搬过去发了。我锁好电动车后,走进教室,为他们加油。刚一推开门,就听到赵同学说:"老丁真不错。"她看到我推门而入,圆圆的脸蛋上红一阵白一阵,露出了羞愧的神情。当我走到她面前时,她解释说:"老师,我不是故意的。"我笑笑说:"你不用解释,这无关紧要。这说明咱们的师生关系很融洽。"像这样的情况,老师只要点到即可停止,说多了反而于事无补。

　　还有一次,该生考试失利,召开家长会时,她就跟我打招呼:"丁老师,这次家长会,我爸爸就不来了,我保证下次有进步。"我回答说:"可以,但是你必须认真分析这次考试失利的深层次原因,并制定下一阶段的追赶计划。"她看我答应了她的请求,就按照我的要求做了,而且在后来的学习中比以前更刻苦了,成绩也有了进步。由此可见,无论在什么时候,孩子知道错误了,就要及时给他们改正错误的机会和时间,但一定要提出明确的要求。

　　赵门大姓蜜甜心,字迹美观注满情。短跑常成知努力,学习更盼再精明。
　　文章进步心情爽,外语直追面貌新。改变学法期变化,思维活跃不能停。

——赵同学(拼搏者)初三第一学期评语

◎ 教育学生坦然面对家庭的不完整 ◎

单亲闺女邵某某,立志赶超陈某某。语言巨人雷声大,行动缓慢雨点迟。贪玩懒学怕吃苦,追求貌美少礼仪。只争朝夕分秒贵,谨防将来地位低。

——邵同学初一第一学期评语

走进小吃部,迎面而来的家长让我难以置信,闲聊后才知道,这就是小饭店的老板,邵同学59岁的父亲。邵同学的父亲是本地人,曾是一个显赫一时的大老板,经历过两次婚姻,邵同学是第二任妻子所生。后来他生意衰败,第二任妻子又远走高飞,嫁到苏州去了。邵同学的父亲后又处过几个女友,但被骗去不少钱,根本没有心思管理自己的孩子。

邵同学看着自己的父亲这样,自己却爱莫能助,不但感到难过,而且无心学习。说到伤心处,孩子的父亲泪如雨下,泣不成声,说自己是"一失足成千古恨"。在这样的家庭环境中,孩子形成一些不良性格就在所难免了。如,不信任人,怕公开讲话;不按时完成作业;做事缺少责任感;喜欢睡懒觉;等等。

我觉得,这个孩子是我今后班主任工作的重点对象,需要给予特别的关心,既要给予父爱,还要给予母爱。要多交流,多指导,多关心,多鼓励。

我通过家访了解到实际情况后,虽然找该生谈了好多次话,但都无济于事。她的表现才稍微好一点,过一个寒假或者一个暑假,又是外甥打灯笼——照旧(舅)。孩子下午、晚上贪玩,下半夜和上午贪睡,没有奋斗的目标和崇高的理想。其写的作文更是空洞无物,缺少生动的描写,自然是兔子尾巴——长不了,要想拿到基本分都困难,小学作文经常只能得个及格分。

学习朱自清的《背影》一文后,我让她学习朱自清先生写父亲的方法,抓住父亲的某一方面的特征来写,取得了较好的效果。我语重心长地对她说:"朱自清先生散文的感人之处,就在于他能坦然面对家庭的不幸遭遇,而你却对自己不完整的家庭遮遮掩掩,怎么能理解父亲的难处呢?"后来,她写了一篇较好的作文。

她写的是母亲走后父亲的眼神,主要是为她洗衣做饭时的眼神,题材很新颖,感情很真挚,我给了她48分(满分60分)的鼓励分。但文章条理不清,描写不够具体生动。作文评讲课结束后,我又把她叫过来,耐心地指导她修改这篇作文,改了一次又一次,精益求精,让她不仅对写好作文有了信心,而且能理解父亲又当爹又当娘的不容易,坦然面对自己家庭的不完整。她把自己心中对家庭的压抑感全部抒发在了作文中,解除心结后,轻装上阵,明确追赶的目标,认真学习。

用她自己的话说就是:"是老师用伟大的责任心在我心中那盏即将油尽灯枯的心灯中加满了油,使它变得分外明亮。"她不仅对作文的厌恶感渐渐消失,而且按照老师的读书要求,做批注,搞摘录,积累好词好句,学会生动描写,利用业余时间读了很多本书,渐渐变成了一个小书迷。她说:"老师还带我们开展各种活动,积累新鲜素材。我们爱读书了,选材新颖了,有了源头活水,说话就滔滔不绝,口若悬河了,写作就左右逢源,下笔成文了,主题深刻了,得分自然就高了。"

工作中,我注意处处身体力行,做好榜样。卫生打扫不干净,我为了不影响他们上早读课,只好亲自去收拾烂摊子;吃饭关注学生的一举一动,为他们打菜,生怕他们吃不饱。学生看到老师有强烈的责任心,自己做事当然不敢马虎了事,对老师充满敬畏之情,当然就能尽快成人了。她深有感触地说:"是班主任的举动点亮了我的爱心。"

八年级时,我将她的评语改为:

单亲闺女邵某某,立志赶超陈某某。音乐美术有特长,讲究诚信不迟疑。
学好数学愿吃苦,完善自己有礼仪。只争朝夕分秒贵,谨防将来地位低。

进入初三以后,邵同学的化学学得非常好,经常得到化学老师的点赞。这说明孩子逐步走向成熟。因此,我对她提出了新的要求:把学习化学的这种兴趣和干劲用到其他学科,尤其是数学、物理和英语上,争取全面进步。

睿智学生邵某某,平时努力打根基。语言流畅行为正,绘画精通礼让齐。
数理钻研才快进,英文牢记显高低。天生一个聪明女,展望前程哪会迟?
——邵某某(画家)初三第一学期评语

◎ 爱生如子要落实在具体行动上 ◎

> 身无彩凤双飞翼,胸有明镜决心显。服从分工顾全局,遵守纪律当模范。
> 勤学苦练弃玩耍,争分夺秒意志坚。成绩优异人钦佩,再苦再累心也甘。
> ——朱同学初一第一学期评语

初一开学初采集学生信息时,我发现,班上一个学生登记的电话号码既不是爸爸的,也不是妈妈的,而是一个姐姐的。当时,我就感觉个中必有蹊跷。但我再问,性格内向的孩子就不愿多说了。教师节的晚上一放学,我在路边吃了一碗汤面,就来到了孩子的暂住地家访,出门迎接我的正是那位关心她的表姐。所谓的家是舅舅家。舅舅不在家,在家等我的是孩子的舅妈和姨妈。

原来,女孩朱同学,家在边远乡村,父母都已是花甲之年,父亲做木工,母亲在私企打工,哥哥在17岁时患白血病不幸身亡。后来父母才生了她这颗掌上明珠,因为是老来得子,因此十分溺爱。真是"含在嘴里怕化了,顶在头上怕晒了,捧在手里怕摔了"。

虽然父母年龄偏大,但为了还清债务,父母还要忙挣钱。小学毕业后,性格内向的她被父母寄养在靠近我们学校的舅父母家。该生是一个"两耳不闻窗外事,一心只读圣贤书"的人,不仅性格内向,而且感情冷淡。虽然让她当了临时班长,但她对工作不够热心;由临时班长调整成学习委员后,她学习上仍然感到力不从心;最后只好让她如愿以偿,"无官一身轻"地专攻学习了。

一天中午,生活委员冯同学气喘吁吁地跑到办公室来告诉我:"朱同学肚子疼。"我放下手中批改的作业,走过去关切地问:"朱某某,你好些了吗?要不要去医院检查一下?"她犹豫了一下,回答说:"下午还有主课,如果请假,会耽误学业,更何况我现在还能撑得住。"我本来以为,可能是受凉,或是吃了一些不洁的东西,过一会儿就会没事的,但仍不放心地叮嘱她说:"不能硬撑,疼得厉害一定要及时告诉老师。"

到了下午第四节数学课,她实在撑不住了,就在女班长的陪同下找到了我。我首先联系了她的表姐,但表姐上班,一时半会赶不到,家长在外地,更是远水救不了近火。我立即停下手中的事,用电瓶车把她送到附近的社区医院,先让医生给她检查,我去给她挂号;等医生检查完,开好药以后,我再送她去挂水,然后去交钱。一切都忙停当后,她的表姐才赶到了医院。

朱同学(左)与体育健将吕同学(中)、赵同学(右)展示班级获奖证书

她后来在作文中写道:

老师的奉献精神感染了我,从那时起,我懂得了关心他人,不能成为冷血动物,不能总以为别人的死活与我无关。不仅如此,老师还点亮了我负责任的心灯。

我要为丁老师强烈的事业心和责任心点赞,他每天不辞辛苦地为我们上课,一丝不苟地帮助我们进行作文升格,都是为了让我们提高语文成绩,为三年后顺利升入四星级高中扫除障碍。虽然要求有些过高,但"严师出高徒",我们的每一点进步,不都凝聚着老师的心血和汗水吗?丁老师"春蚕到死丝方尽,蜡炬成灰泪始干"的精神感染了我,让我懂得了"赠人玫瑰,手留余香"

的奉献精神的可贵,懂得责任心是做好每一件事的可靠保证。唯一不足的是心理还是不够阳光,总是缺少自信,但我会尽力改变。

初二年级时,我给她写的评语是:

身无彩凤双飞翼,胸有明镜决心显。服从分工顾全局,遵守纪律当模范。
勤学苦练弃玩耍,争分夺秒意志坚。有张有弛改学法,考场镇定苦后甜。

该生最值得同学们敬佩的是屡败屡战、永不言败的精神。我赞赏她珍惜时间、刻苦学习等优点的同时,对她提出明确的希望:"课上大胆发言,多与同学交流,不断改进学法,注意劳逸结合;不仅要勤学,更要及时好问才行。"进入初三以后,她终于迈出了前进的步伐。

接近朱红想去攀,旁边墨色拒绝沾。身无彩凤双飞翼,心有明灯意志坚。
勤练苦学抛诱惑,争分夺秒保时间。张弛有度改学法,考场心宁苦后甘。

——朱同学(书虫)初三第一学期评语

◎ 体验作业改变了学生 ◎

桃李树下有地龙,发愤努力向前冲。数学进步明显快,英语踏步全落空。
劝君更应勤学早,碰到疑问要弄懂。举止文明须牢记,从此立志攀高峰。

——李同学初一第一学期评语

李同学,安徽阜阳人,父亲小学毕业,开渣土车,母亲初中结业,在一家平价菜超市工作。进班时,他的成绩名次倒数,后来,就像在蹦蹦床上跳舞一样,忽高忽低,捉摸不定。

孩子喜欢打游戏,如果放松一点,他的成绩就会下降;如果抓紧一点,他的成绩就会上升。但光靠别人督促,总不是个办法,要从自身解决问题。

学生学习嫌苦,于是我在暑假布置了体验作业,让李同学体验父亲在烈日下开渣土车的辛苦。后来,他在体验作文《炎阳下的渣土车》一文中写道:

炎炎烈日之下,坐在车中如坐在蒸笼中一般,一阵接着一阵的热气由下而上毫不留情地袭来。再转头看看爸爸,不经意间,看到了爸爸两鬓的白发丝丝缕缕,清晰可见;眼角的鱼尾纹虽没有太多,但完全没有了年轻时的英俊与洒脱;脸颊上的汗滴如同大雨点一般噼里啪啦地落了下来。车上唯一释放凉风的便是车座后面的一个小风扇,这小风扇似乎是被这炎热的天气蒸傻了一般,拼命地摇着头,口中还不停地念叨着"热热热",这声音完全可以与窗外的蝉鸣相"媲美"了。

夏日,难耐的热气将一辆辆车"蒸"出水来了,停着等红绿灯时,车子们便将它们身上的汗一股脑儿地甩在了地上。车子一次次驶入市区，又将"满满硕果"运到了一些偏僻的郊区，一趟又一趟，车子时而行驶得像风一样快，时而行驶得像蜗牛一样慢，时而在畅通无阻的宽阔大路上奔驰，时而又在崎岖不平的小路上跳着街舞。在颠簸的路上，我如同坐过山车一般，心惊肉跳。爸爸仍旧双手握住方向盘，两脚在三块板子上不停地交换，时而换挡，时而刹车，时而加速。

爸爸是一个沉默寡言的人，却将所有苦和累揽在自己身上，如若不是妈妈向我说起，我根本不可能发现爸爸的辛劳。一年四季之中，我与爸爸见面的次数少之又少，可即便如此，爸爸也会不时向妈妈询问我的学习情况。在沉默的车上，爸爸还关切地问："热不热？要不要我先把你送回家？"在如此天气下，谁不想待在一个有空调的环境下看电视，吃雪糕。爸爸总是为我着想，但我却想与爸爸多处一会儿，便说道："热是热，但在车上多待一会儿，才能体验到您工作的艰辛，您还是好好开车吧。"爸爸见我有所体悟，就趁热打铁地说："你要好好学习，知道吗？你如果不好好学习，将来也只能和我一样，夜以继日，没早没晚地拖货了。如果成绩好了，将来就会有好工作。大夏天，坐在办公室里，吹着空调，多舒服啊！"不知为什么，我把爸爸今天说的话一字不漏地牢牢记在了心里。我坚定地说："爸爸，你放心吧，我一定会好好学习，争取用知识改变命运，将来找到一份好工作，好好孝敬您。"

孩子理解了父亲以后，和父亲的关系更亲密了，甚至开始仔细研究起父亲来了。一次他看到爸爸蹲在地上，一根一根地捡起妈妈早上梳头掉在地上的头发。他好奇地问："爸爸，您是男人，应该做大事。怎么做起这样的小事来了？"爸爸对他语重心长地说："做大事前，要先把小事做好。"爸爸做事一丝不苟的精神感染着他，从此李同学学习更加细心专心。孩子发生了一百八十度大转变，进入班级中上等的行列。这给我们的启示是：作为班主任，我们不能放弃任何一个学生，因为他们都有巨大的潜力。正如孩子自己所说："如果当初老师并不注重班级中的后几名，可能我这个自觉性不太高的学生早被淘汰了。"

后来，对像他这样肯学习的学生，我主要在指导学法上下功夫：先理解再记忆，先熟读再背诵，最后再默写；先掌握答题方法、规律和技巧，再做题目。渐渐地，孩子便觉得学习不再是那么枯燥无味了，而是当成一种探究，一种突破，一种创新，一种快乐，从而一步步进入良性循环的正确轨道。书写也逐渐美观了，成绩稳步上升了。

初二上学期时，我写给他的评语是：

桃李树下有地龙,发愤学习向前冲。成绩进步明显快,树立理想不落空。
物理钻研勤学早,碰到疑问要弄懂。人往高处奋力走,胸有大志攀高峰。

李同学风采

初二下学期第一次月考,我发现孩子有玩手机的现象,成绩也有所下降,便再次家访。父亲开渣土车到外地工作去了,母亲说出了事情的真相:"其父与孩子约定,只要孩子考进前十名,父亲就为他买一部最新款苹果手机,结果孩子如愿以偿。"我疑惑地问:"孩子用手机的时间有控制吗?"孩子母亲含泪哭诉:"为这个事,我们经常争吵。"原来,孩子成绩下降都是手机惹的祸。我将孩子叫到他母亲面前,分析了玩手机的利弊得失和时间控制的必要性。孩子玩手机已经成瘾,一听说要控制时间,情绪也很激动。我丢下了两条意见:"一是手机只能用来学习,而且是在双休日作业完成以后,母亲在场才能用,不能用来打游戏,看电影,闲聊。二是如果不能控制,就将手机交给我保管,中考结束后取回;或者在家玩一段时间手机,等你玩够了,想上学了,再到学校找我,因为学校有明文规定,学生不准带手机入校。"后来孩子选择了前者,还写了一篇作文《都是手机惹的祸》,进行了自我教育,期末考试成绩又有了明显的进步。

桃李苗前有猛龙,风霜过后见天虹。张弛有度勤学早,成败无须放心中。
创造才能担任务,翻新就会上高峰。人朝高处悄悄走,水往低洼快快冲。

——李同学(龙王)初三第一学期评语

◎ 家庭特别困难的要给予经济上的资助 ◎

梦中委屈无人知,家庭贫困自奋起。懂得感恩做家务,刻苦学习明事理。
生活俭朴工作勤,实现梦想靠自己。持之以恒人敬佩,进步明显人称奇。

——董同学初一第一学期评语

　　家访中我发现,本班学生的家长,绝大多数是来扬打工的或做小生意的,多数是租房子住的,有的只租了一间车库。有一位董同学的家里共有5个人,爸爸是半瞎,妈妈是瘸子,家中还有两个双胞胎弟弟,全家就挤在一间10平方米的小屋里,挤在一张床上,父母靠在小菜场卖菜为生。我向学校申请,给这个学生发放了助学金,还让妻子到那个摊子上买菜,并叮嘱妻子不要还价,不要暴露自己的身份。此外,对于这些没有家长管,家长也管不了的孩子,我自己争取多用一点时间给孩子无偿辅导,检查作业,赢得了家长的支持和好评,孩子的行为习惯有了明显的好转,学习成绩有了显著的提高。我还设法给孩子争取到了助学金补助,力所能及地解决他们的后顾之忧。

　　当然,给予关心的同时还需要严格要求,因为他们没有一个良好的读书习惯。董同学在一篇作文中写道:"班主任要求我们读《汤姆索亚历险记》,我不喜欢读书,更没有毅力把一本书全部读完,因为我看到书里面密密麻麻的文字就有点头晕。"我给她讲了欧阳修的故事:"欧阳修幼年丧父,家里穷困,没有钱买笔写字,就用芦柴秆在柴灰上画字;没有钱买书读,便向邻居家借来书读,读后抄录。由于用功读书,他终于成为唐宋八大家之一。"最后我又对她说:"你家庭虽不富裕,但毕竟父母双全,比当年的欧阳修好多了。希望你以欧阳修为偶像,努力学习,争取用知识改变命运。"她心领神会地点点头。

明白了老师的良苦用心后,董同学便耐心地读起书来:"我第一次发现读书是这么有趣,后来,《汤姆索亚历险记》成为我唯一一本看得一字不落的书,是老师'逼'着我养成了耐心读书的习惯。"虽然思想工作是做了,表面上的问题是解决了,但怕读书的不是一个同学。我深深地知道,引导学生读书任重而道远。后来,我就跟学生读同版本的书,并做好批注,抽时间和同学们听写一些好词好句,赏析一些精彩段落。

董同学这个孩子知道自己父母挣钱的不易,所以生活非常俭朴,学习也较勤奋,有时间,还要帮父母做家务,带好弟弟。

初二时,我写给她的评语是:

梦中委屈无人知,家庭贫困自奋起。懂得感恩做家务,刻苦学习明事理。
生活俭朴工作勤,实现梦想靠自己。持之以恒再努力,进步明显人称奇。

我发现该生比较内向,多次找其谈话,才有好转,我的评语又进行了修改:

委屈梦里有人知,俭朴生活自奋蹄。知道感恩勤做事,明白孝敬靠真知。
学成演讲多交际,改变生活拒受欺。进步赢得朋友赞,前方美景我称奇。

——董同学(圆梦者)初三第一学期评语

◎ 点亮学生参与竞争的心灯 ◎

草原宽阔幅员广,万马奔腾任由缰。志在千里目标大,脚下跬步不能忘。学习努力基础牢,待人厚道热心肠。写字还须再认真,学业胜利创辉煌。

——马同学初一第一学期评语

马同学,安徽宿州人。初一时,教师节前一天晚上9点多钟,我来到了位于教院附中附近的她的家,她在扬州农药厂打工的爸爸妈妈接待了我。我们在门外交流,孩子在门内写作业。

渴望快乐的孩子并没有错

交流快结束时,孩子的父亲说出了心声:"我们不奢望孩子学习成绩有多好,长大有多大成就,只希望孩子能快乐。"当时我觉得有点难以接受,总是觉得:"书山有路勤为径,学海无涯苦作舟。""吃得苦中苦,方为人上人。"但后来一想,只有让孩子的内动力起作用,才能事半而功倍。因为"压力山大",孩子跳楼自杀的案件时有所闻,用血的事实敲响着安全警钟。这无时不在提醒我们,凡事都要把握好度才行,千万不能好心办坏事。这个孩子小学回家没有作业,成绩还不错。刚进入初中,如果孩子的压力太大了,自然会有逆反心理。渴望快乐的孩子并没有错,家长更是能理解孩子学习的辛苦。作为教育工作者,我们要用古代教育家孔子的"中庸"思想来指导自己把握好教育和严格要求的尺度。

鼓励同学参与学习竞争

一开始,我提及要向四星级高中迈步的时候,学生们都觉得是天方夜谭,但听得多了,就知道这是老师心中的重大目标。我第一次班会课,就跟同学们亮明工作目标:"带领同学们向扬中迈进,就要班级中的竞争更加激烈。"马同学在作文中这样写道:"第一次听到这句话,心中还闪过一丝反感。同学之间不应该是团结互助的吗?为什么丁老师要我们互相残杀呢?"因此她根本没有把竞争放在心上,可大家却想的都跟她不一样,都拼命往前冲,不知不觉,她已经被同学们甩到十万八千里之后了。这时,她才明白,竞争并不是互相残杀,而是促使大家激流勇进,让大家明白,就像龟兔赛跑一样,当你在开心地玩耍时,请记住别人在努力地学习。班级激烈的竞争态势,让她明白了一切:"别人不会因为你是谁,而对你手下留情。"目前,她的竞争的心灯已被点亮,开始奋起直追了。

本打算上完初一就回老家读书的她,进入初二后却改变了主意,决定留在扬州,留在汤汪中学,留在这个班级,和同学们一道走向光明,走向辉煌。但愿马同学这匹千里马如老师所愿:

草原宽阔幅员广,万马奔腾任由缰。志在千里目标大,脚下跬步不能忘。
学习努力打基础,待人厚道热心肠。独立思考再认真,学业进步创辉煌。

点亮孩子诚实的心灯

初二下学期的期中考试有少数同学用手机作弊,经了解有马同学。我多次找她谈话,终于使她承认了错误。这件事让我发现,一旦孩子违反了不带手机进校园的规定,就必须进行严肃的批评教育。出于对学生的信任,我让带手机的团委书记负责检查,发现问题及时报告。可令人始料未及的是,带手机的同学竟然有增无减。有一天甚至发展到有六个同学带手机,我检查时,她们竟然将手机转移至外班,其中就有马同学。

她认识到了问题的严重性后,才向老师袒露了心迹:"自己在父母和老师的心目中都是不用操心的乖孩子,所以自己就放松了要求。"说到这里,我也向她做了检讨:"作为班主任,确有不可推卸的责任,我应该再多花一些时间了解你的家庭,真正走进你的心里,不能过分地依赖班干部的监督。"从此以后,马同学就放下思想包袱,认真学习,对人也诚实了。

草原宽阔任由缰,骏马奔腾茉莉香。志在祖国千里远,身居逆境更坚强。学习努力根基固,劳动积极道义帮。独立沉思优势显,成绩进步创辉煌。

——马同学(千里马)初三第一学期评语

学生在三湾湿地生态中心

◎ 让远大的理想插上飞翔的翅膀 ◎

> 晁盖后人有理想,犹如传说古亚当。遵章守纪慎处事,团结友爱品端庄。
> 基础薄弱不泄气,奋起直追迎头上。文理进步都明显,考取高中有希望。
>
> ——晁同学初一第一学期评语

晁同学,河南许昌人,现在的家庭住址与著名的梅岭中学毗邻,就是因为是外来务工人员子女,住的是租来的房子,父母都是做手抓饼生意的,所以只好被迫舍近求远,每天穿城而过,来到城东南方向的名不见经传的汤汪中学。

刚进校时,她无忧无虑,对自己的人生没有目标和方向。我家访时问她:"你的理想是什么?"她摇摇头说:"我没有理想。"

我语重心长地对她说:"没有理想的人,他的生活如荒凉的戈壁,冷冷清清,没有活力;没有理想的人,他的生活如断线的风筝,摇摇摆摆,不知归宿;没有理想的人,他的生活如无舵的航船,颠颠簸簸,没有方向。你觉得自己现在有活力吗?有方向吗?"她摇了摇头。我趁热打铁:"骏马的理想,是在辽阔的草原上奔驰;雄鹰的理想,是在无际的天空中翱翔;我们的理想,是在祖国的建设中奉献。"

"理想是石,能敲出星星之火;理想是火,能点燃熄灭的灯;理想是灯,能照亮夜行的路;理想是路,能引你走到黎明。那你想不想有一个近期奋斗的目标和远大的理想呢?"经过我的耐心引导,她有了一个冲进好高中的理想,并为之而努力奋斗,成绩进步也比较快,冲进了班级前十名。

但是,到了寒暑假,她就会有放松的思想,每个新学期的第一次月考,成绩总有所下滑。我把她叫过来:"你每天要穿过扬州城,路途很远,路上花的时间比别人多,和离家近的同学相比,你有过不平衡的心理状态吗?那你为的是什么?常言道,逆境出人才,穷则思变,你有没有把家庭的困境转变成刻苦学习的动力呢?"她想到自己辉煌的过去,一种不服输的火光被我点燃,在学校不懂的问同学,问老师,回家不懂的问哥哥,经过一个学期的努力才有了现在的进步。

该生喜欢玩手机,而且死不承认,直到人证物证齐全,才肯低头,还常和几个喜欢玩手机的人结成小帮派,这其实是很危险的。因为喜欢玩手机,她成绩或上或下,很不稳定。

我对她的评价是:

晁盖后人有理想,犹如传说古亚当。遵章守纪慎处事,团结友爱品端庄。
奋起直追再鼓气,持之以恒迎头上。独立思考讲诚信,文理进步有希望。

所幸的是进入初三后,家长和孩子都明白老师的良苦用心。到了初三,她语文成绩有了明显进步,达到了优秀等次,升高中有了很大希望,我的评语又有了明显的改动:

晁盖儿孙奋力忙,刚强意志像亚当。遵章守纪人缘好,守信诚实道义强。
奋起直追填士气,坚持努力快开张。独思作业多积累,理想高中在远方。

——晁同学(后来者)初三第一学期评语

◎ 帮助男生在文科上下功夫 ◎

数学领域能称王,帮助学友紧跟上。填塘补缺正当时,文科提高永不忘。
处事不忘同学情,助人传递正能量。争分夺秒往前冲,努力拼搏理应当。

——王同学初一第一学期评语

王同学,江苏连云港人,父母在扬州打工。他是我们班的数学天才,担任数学科代表一职。他常常戴着黑框眼镜,穿着黑色的上衣和裤子,还有一双蓝色的运动鞋。一开始我并没有发现他的强项是数学,后来看成绩才知道。据了解王同学是一名"数学天才",数学老师也说,即使是一道很难的题目,他也能写出正确答案。虽然算的速度没有刘同学快,但是正确率始终比他高。

一开始,王同学不愿意帮助数学差的同学。我问他为什么,他回答:"我文科不好,要下功夫学,如果帮助别人,就会浪费自己的时间。这是种了别人的田,荒了自家的地,得不偿失。"乍一听,仿佛很有道理。我反问他:"你知道'赠人玫瑰,手留余香'的道理吗?今天,你教会了别人数学,人家就很感激你,下次你问他文科上的问题就很方便,这样你的文科不就不怕了吗?这就是一加一大于二的道理。再说,假如你遇到同学所问题目中有不会的题目,还可以再去钻研,岂不更上一层楼吗?"懂得这个道理后,他就心甘情愿地帮助别人了。

现在,同学们课后写数学作业,遇到一条拦路虎时,都想找王同学帮忙,哪怕再忙,他也随叫随到。哪怕正在做题目,他也会停下手中的活,来到同学旁边,耐心教他解题。即使自己暂时不会,他也不会轻易放弃,只用手挠挠头,用手扶一下眼镜,仔细地看一下题目,然后拿出一张纸,再从文具盒里拿出一支黑水笔来,在纸上先画图,然后再在上面标了几个数字,好像是打算先备好课,再来教同学。他先在草稿纸上给同学分析题目的意思,然后合上书,让同学说说解题思路,然后再把正确的解题方法告诉同学。大家都对他刮目相看了。他每次听数学老师讲课,都会积极发言,而且答题的正确率是百分之百。老师上完课后,他都会先复习一遍,然后把不会的题目在旁边打个问号,等到空闲时,他就去老师办公室向老师请教,就凭这一点,他就可以做同学数学上的老师,同学也会认真学习他的方法,把自己的数学成绩提高。

他虽然数学成绩好,但是文科上面还要有待提高。经过几次考试后,因为文科(尤其是英语)较差,他已经丧失了斗志。我利用中午休息时间,把他找来促膝谈心:"你们小学玩惯了,初一刚开学时,老师免费给大家上晚自习课,检查作业,因为大家失去了玩的机会,作业又马虎不了,所以并不领情,背后议论纷纷,更有甚者,在背后说老师的坏话,连骂老师的都有,老师有没有削减斗志?爱迪生研究钨丝时失败了上千次,有没有停止实验?"

这次谈话收到了应有的效果,使他恢复了学习文科的斗志。现在,他的英语默写都能过关了,他定的目标是,150分的语文争取考到120分,120分的英语争取考到100分。

该生本来就以理科见长,进入初三以后,因为有了化学,成绩明显进步,特别是语文进步明显,被评为"成绩进步标兵",唯有英语不见起色。他的下一个目标很明确,寒假恶补英语,为升入普通高中奋力拼搏。

理科领域能增长,书写美观忌扩张。作业填塘忙追赶,文科抓紧快加强。
学习不忘同学助,劳动深知好友帮。夺秒争分不发窘,精神饱满理应当。

——王同学(数学家)初三第一学期评语

◎ 要和学困生交朋友 ◎

琴棋书画都兴旺,宗氏竞争谁更强?语数双双都进步,英语太差入泥塘。
披星戴月把路赶,树立信心理应当。勤学好问找差距,争取期末再上榜。

——宗同学初一第一学期评语

宗同学,是安徽亳州人,家长以收旧电器为生。孩子平时懂得理解父母,遵章守纪,学习努力,就是成绩不太理想。她说:"我原本成绩就不是很好,语文成绩只在及格线左右徘徊。所以在班里和同学竞争,在家里和时间赛跑。"对于这样的学生,老师应该和他们交朋友,千万不能冷落他们。

她的作文一直上不去,我就利用空余时间对她的作文进行面批,从正确审题到行文扣题,从常规选材到独到选材,从记流水账到生动描写,虽然进步不算快,但每天都能进步一点。

我问她:"为什么能坚持下来?"她心存感激地说:"老师您这么大岁数了,每天能陪我们一起跑步,每天坚持跟我们上晚自习课,检查作业,耐心指导,一丝不苟,都是为了我们成绩的提高,我们当然能坚持了。"语言朴实无华,但显得很懂事理。

在学习上,她总是感到"压力山大"。作为老师,千万不能再对这些学生施加压力。我努力发现她的长处,如作文的描写逐渐生动,选材富有真情实感等,帮助她理清学习上的困难项目,分析形成这些困难的原因,找到解决问题的路径,等等。

以下是我对她的评语:

琴棋书画都兴旺,宗氏竞争谁更强?勤学好问能进步,成绩掉队不吉祥。披星戴月把路赶,树立信心理应当。分析原因找差距,争取期末再上榜。

——宗同学初二第二学期评语

后来,她经过多次努力,成绩还是不太理想。于是她征得父母同意后,申请转班,班主任已同意她的要求。这也叫"因材施教"吧!

◎ 让孩子跟上班级的节拍 ◎

桃李不言自成蹊,嘉奖优秀鞭自己。语文进步较明显,数英落后总分低。
书法还需再努力,端正态度自奋蹄。排除干扰勤奋学,雕琢玉石创奇迹。

——李同学初一第一学期评语

李同学,江西丰城人,家长以做竹蒸笼为生,家里还有个哥哥。

孩子以前总是以自我为中心,从来不会帮助别人做一件事,除非是老师让他去做,他才会出手,但在日后,还要人家再帮他做一件事,互不相欠,才算扯平。据了解,有这种想法的人还不止一个,这与家庭教育不无关系,因为家长生怕孩子在学校吃亏。

这样斤斤计较,与雷锋精神是格格不入的,也有悖于毛泽东所提倡的"毫无自私自利之心"的精神。我就利用班会时间跟同学们讲"赠人玫瑰,手留余香"的道理,讲雷锋"出门一千里,好事做了一火车"的事迹,讲老师上初中时学雷锋做好事的经历,在同学中弘扬无私奉献的伟大精神。现在,李同学渐渐发生了变化,变得乐于助人而不再求什么回报了。

可能是在家中跟着哥哥学惯了的缘故,他总是别人做什么,自己才做什么,从来不会主动去做自己应该做的事,更不用谈主动学习了。以前他总觉得读书是件枯燥无味的事,没有打游戏来得有趣。我知道,单纯命令式的教育是很难奏效的,只有通过春雨润物无声的潜移默化的影响,才能培养学生乐于读书的习惯。于是我利用大量的时间和同学读同样版本的名著,抽取其中生动有趣的精彩片段和同学们一同分享,并从书中的内容联想到生活中的一些事情,教会学生做人的一些道理。每当听到这里,李同学就有一种去翻开书,认真读一读,体会书中乐趣的冲动。

他还有一个毛病,就是对周围的人、事、景、物熟视无睹,漠不关心,所以写起作文来如记流水账,毫无细节描写可言,更谈不上新鲜的选材和深刻的立意了。后来,我指导他回去观察家人是如何锯竹子、劈竹子、劈竹篾、扎蒸笼的,并采访父亲如何才能让蒸笼做得不漏气,保证蒸笼的质量更加完美,受到客户的青睐。经过我的指导,他的作文写得具体多了。

现在,他越来越喜欢读书了,不再沉迷于游戏了,作文写得有血有肉了,总成绩也有了较为明显的进步,能跟得上班级的节拍向前走了,但有时还是管不住自己,需要长期做工作。

进入初三,该生学习非常努力,也有了考取高中的目标,成绩继续上升。

不言桃李自成蹊,学业提升本属奇。外语钻研长熟记,作文生动少迟疑。
参加讨论思维好,嘉奖言行懒惰离。防止消极忙追赶,雕琢玉块有灵犀。

——李同学(和田玉)初三第一学期评语

◎ 让家长负起培养孩子的责任来 ◎

生活俭朴尹某某,守纪不足好争斗。拼搏精神尚欠缺,学习一般居中游。黑发不知勤学早,后悔时刻已白头。认清形势快追赶,与时俱进不落后。
——尹同学初一第一学期评语

尹同学,安徽阜阳人,他的父母和肖同学的父母一样,都是做沙石水泥生意的,但两个人的成绩却有天壤之别。主要原因是肖同学的家长非常配合老师的管教,并主动和老师沟通,再加上肖同学自觉性较高,能在完成作业后再玩;而尹同学的父母对孩子的管教是束手无策,或互相推诿,或听之任之,家庭作业打折扣太严重了。

一个下着雨的双休日下午,我估计家长不会外出做生意,便来到位于汤汪花园对面的尹同学家里。只见尹同学和他的一个小表弟在家津津有味地打着游戏,家庭作业、读书任务都抛到九霄云外去了。我让尹同学去找他的父母,他的母亲很快回来了,但父亲却不见人影。原来,他的父亲打麻将去了,他的母亲刚刚也是在观战的。我想,这一家真是"各取所需,各得其所"啊。

我跟他母亲谈了自己的想法:如果孩子听话,家长参加一些娱乐活动也无可厚非。但父母总要有一个人管教孩子吧。这样下去,希望何在?"养不教,父之过。"你们是不是也希望孩子跟你们一样,扛一辈子水泥黄沙呢?孩子现在不懂事,幼稚贪玩,你们不能陪在孩子身边,疏于管教;等他长大了,懂事了,会埋怨你们的。就像很多同学对待我这个老师的态度一样,他们原来也恨我这个抓得紧的老师,但后来,学习进步了,他们就理解、感激老师了。

老师现在能放弃许多休息时间督促孩子进步,也希望家长能全力配合。

在真诚地沟通后,其母才有所醒悟。

第二次家访是晚上,母亲不在家,其父正和孩子躺在床上看电视,我检查作业时,孩子的父亲说:"我问过了,他说写好了。"我拿过作业一看,不但短斤少两,打了折扣,而且书写马虎,字迹难认。只好让他当着其父的面重写。

后来,我又连续家访了几次,他的学习情况才有所好转。我写下了一首诗,希望时刻提醒孩子和父母肩膀上的责任:

生活俭朴尹同学,游戏魔鬼随身走。浪费青春师长急,书籍作业一旁丢。
黑发不知勤学早,后悔时刻已白头。认清形势快追赶,与时俱进不落后。

该生年龄偏小,人称"小豆豆"。真是这样,无论是从言谈举止看,还是从学习劲头看,他虽有进步,但相对较慢。这就告诉我们一个道理:孩子不到规定学龄,千万不能提前读书,否则,得不偿失。

生活俭朴尹某某,宝贵时间紧紧收。书写歪斜家长怒,学习马虎老师愁。
亡羊补救平时可,作业拖拉最后留。黑发不知勤奋早,白头时刻怕心纠。

——尹同学(晚成者)初三第一学期评语

◎ 培养孩子的责任意识 ◎

袁氏某某多文静,举手投足真持矜。生活俭朴待客诚,关心集体做事勤。
语数成绩让人喜,英语学科伤脑筋。填塘补缺快追赶,不达目的不甘心。

——袁同学初一第一学期评语

袁同学,女,安徽合肥人,父母都是漆工,家离学校很近,但她还是经常迟到,不仅大扫除不负责任,而且语文家庭作业有时也不能按时完成,有时就算完成了,也有可能又忘记带了。她知识基础很不扎实,作业和试卷上的基础题错误率高,写也写得马虎,选择题错得惨不忍睹。通过家访,我才查问到根本原因:双休日,她趁父母不在家,白天时间主要用来和妹妹看电视,到晚上才急急忙忙写作业,作业质量当然得不到保证。

进入初中以后,有很多同学进步非常明显,而袁同学进步缓慢。后来,我在她的日记中看到了相关的记叙:"刚入学不久的我不懂得什么是责任,更不懂得负责任,'责任'这两个字早已在我脑海里的沙漠中被沙子遮盖了起来,不知弄到哪里去了。"看完她的日记,我立即找她交流:"在家里,如果每到吃饭时间,你看到锅里没有饭,碗里没有菜,让你饿肚子,每到冬天,父母不能给你保暖的衣服穿,你会怎么想呢?晚上在家里,没有地方睡觉,你会不会觉得家长没有尽到责任呢?在学校,没有老师上课,或者老师不查作业,不改作业,学生有不懂的问题,老师又不解答,那你是不是觉得老师没有尽到责任呢?"她点了点头,我接着问:"那你自己的责任又是什么呢?"她回答说:"认真学习,争取考上高中。"

我继续追问:"那你有没有尽到责任呢?"她先是露出了羞愧的神色,接着承认了自己没有尽到学习的责任,她感激地说:"谢谢细心的班主任帮我找到了丢失已久的责任心。"我知道教育的目的已经达到,但真正改正需要时间。我补了一句:"希望你能牢牢记住今天在老师面前所说的话。"

后来,她上学不迟到了,做事也负责任了,白天也知道完成作业了,成绩也进步了。她说:"是老师的教育,让我那脑海中被沙子埋没的'责任'重见了光明,从此以后,不管树叶有多少,地有多难扫,我都会尽力将那扫得一干二净。"至此,她的"责任"心灯已被点亮。我给她写下了这样的评语:

袁氏某某多文静,举手投足真持矜。生活俭朴待客诚,关心集体做事勤。
逆水行舟知进退,勤学好问动脑筋。争分夺秒往前赶,不达目的不甘心。

进入初三以后,她知难而进,语文进步明显。

袁门某某讲文明,举手投足动作轻。尊敬娘亲精待客,知晓学问有诚心。
学习努力知难进,工作勤劳动脑筋。刻苦钻研忙奋斗,达成目的再合群。

——袁同学(清醒者)初三第一学期评语

本班学生在初三军训汇操和军歌比赛中双获第一

◎ 培养学生的耐挫力 ◎

文静淑女颜某某,硬笔书法乐陶陶。团结友爱顾大局,服从分工办事早。学习方法需改进,珍惜时间夺分秒。努力上进求发展,奋勇争先品德高。

——颜同学初一第一学期评语

颜同学,山东省临沂市苍山县人,家庭状况不太好,租住的是某住宅小区的一间十几个平方米的车库,家长是做小吃生意的。她平时文静朴实,遵守纪律,在老师面前是一个非常听话的乖孩子。

班上大多数人认为,班主任是一个好人,好在对工作认真负责,对同学非常关心;也有少数人认为班主任不好,因为班主任对工作负责是针对学生的缺点,而不是真正的关心学生。

了解到情况后,我在班上做了澄清。我说:"一个人身上有缺点,是需要立即改正的,就像一个人生了病需要治疗一样,如果不及时治疗,就有可能越来越重;正如《扁鹊见蔡桓公》中所说的——从肌肤到腠理再到骨髓,最后不治身亡。因此,我们千万不能像蔡桓公那样讳疾忌医,否则后果不堪设想。"

有些同学做事不能持之以恒,比如大扫除,有老师在场,就认真打扫,如果老师不在场,就马虎了事。老师不在现场时,颜同学从来就没有负责任地打扫过一次卫生。她想,反正这不是我家,不用这么认真,随便扫一下就可以了。她从来也没有想过,这是没有责任心的表现。一个周一下午的第三节课,是先打扫卫生,后上班会。一上课,我就去检查包干区和教室的卫生打扫情况。她认为一般老师是不会亲自检查的,所以,她随便打扫了一下,就准备回教室了。回头一看,我正在后面检查卫生。我看见地上还有些小纸屑,就跟她说:"细节决定成败,做任何事情都要认真负责,才能成功。"此后,这个孩子做事才有了责任心。

但是,孩子缺少持之以恒的精神,做事只有三分钟的热度,激情过后,依然如故。老师就讲自己持之以恒,从高中到中师到大专到本科再到研究生的学习经历,用每天坚持和学生一起跑步,坚持为学生免费辅导的行动教育她,取得了她的理解与信任,让她懂得"坚持就能胜利"的道理。

另外,这孩子一遇到困难,就退缩了。我将她找来交流想法,教育她要增强耐挫力:"一帆风顺"只是一种人生理想,其实,人生的道路是不可能一帆风顺的,只有逆流而上,搏击风雨,才能达到青山绿水的理想境界,享受到成功的乐趣。

她的硬笔书法是写得很漂亮的,字迹端正,间架结构平稳,给人一种赏心悦目的感觉,我给她写了如下评语:

文静淑女颜某某,硬笔书法乐陶陶。团结友爱顾大局,服从分工办事早。
学习方法需改进,珍惜时间夺分秒。努力上进求发展,奋勇争先品德高。

第二辑

爱生如子,乐在事业之中

◎ 团体辅导有助于改变初中学生学习倦怠的现状 ◎

  按照国家现行政策规定,本该2014年就内退休息的我因学校工作需要,继续留守教育教学一线三年。到2017年暑假以后,我将正式办理退休手续。

  从2014年接手这一届关门弟子后,我就发现,班上只有一个是本地生源,其余全是来自五湖四海的外来务工人员子弟。有的孩子,父母在杭州打工,与奶奶在扬州相依为命;有的孩子虽与父母同居一室,但因父母下午和上半夜都在外做油炸生意,除双休日的上午有可能与父母见面外,平时根本不能与父母照面;有的孩子不在父母身边,而与舅舅舅母生活;有的女孩母亲改嫁,与父亲共同生活;更有的孩子父母皆不识字,无法用现代科技沟通;有的孩子父母年纪偏大,代沟明显,管教乏力;有的孩子全家四五口只蜗居在一个大车库里,根本没有认真学习的家庭环境。

  因此,我通过全面家访后得出如下结论:不必说想父母配合教育,更不必说想用现代通信技术与家长沟通,就是想孩子能按时完成家庭作业,让父母签字也是颇有难度,孩子只要能在学校多少学一点,就谢天谢地了,回家肯定是一盘散沙。

  再看我们学校这一届初一的招生情况,我们招收的绝大多数是外来务工人员子弟,生源较差,在广陵区的第一次摸底考试中,总平均成绩是全区倒数第一。学生厌学情况比较普遍。

  那么,如何才能改变这些学生学习倦怠的现状呢?我们的办法只有一个:首先,进行团体辅导,让学生做好作业再回家;同时,利用团体辅导,对学生进行有效的心理干预,这才收到了明显的效果。

1. 有效防止拖拉心理,打好语文基础

学好语文,首先要让学生关好错别字和病句这些"罪犯",不要让它们出来"害人"。在初一、初二的团体辅导中,我着重让学生消灭满天飞的害人的错字和别字,下苦功夫改正意想不到的、千奇百怪的病句,下好练字的硬功夫;师生共同读同一版本的名著,检查落实到位;一步一个脚印地进行各种描写的有效训练,彻底改变学生只会空洞叙述,不会生动具体描写的现状,为学好其他各门功课扫除认字、写字和理解句意的障碍。学生作业不再拖拉了,语文基础也扎实了,有效减轻了学生初中过重的课业。

2. 有效消除焦虑心理

如果布置较难的作业,学生不会做,家长又无法辅导,他们会非常着急,而团体辅导可以让学生互相交流,较难的题目,可由老师集体讲解。学生写作文,常常因为"无米下锅"而焦虑。我通过团体辅导,充分利用双休日的时间,带领学生参观扬州的何园、个园、二分明月楼、普哈丁墓园、吴道台宅第、朱自清故居、琼花观、诗韵广场等名胜古迹,参观东关街等古街古巷,了解扬州历史文化名城的深刻内涵;带领学生参观玉龙花苑等精美的私人花园,以及刚刚建成开放的免费公园,扩大他们的视野,陶冶他们的情操;带领学生参观罗永庚集报剪报室,学习罗老先生几十年如一日持之以恒,为后人造福的高尚情操;带领学生到开发区检察院参观,研析典型案例,参加法制竞赛,让学生受到深刻的教育;带领学生参加扬州马拉松赛事服务,学习长跑运动员的拼搏精神。每搞一次活动,我都耐心地辅导学生写出生动具体的作文,并进行反复的修改升格,然后推荐到学校的《彩虹作文月报》和市一级的《小记者报》《扬州晚报》发表。其中特别好的,如郁同学的《一则旧日记》和张同学的《十年扬马,与城同庆》还被成功推荐到《全国优秀学生作文选》上发表,郁同学的《留香》还被成功推荐到《语文报》中考版上发表。

3. 有效消除逆反心理

初中阶段,学生处在成长的叛逆期。如果老师只管发号施令,对完不成任务的学生不能正确引导,不能耐心帮助其找出解决问题的有效办法,只施以惩罚,久而久之,一旦学生形成逆反心理,后果不堪设想。所以,进行团体辅导,真心诚意、切实有效地帮助学生解决成长过程中碰到的思想问题和学习问题,才能让学生亲其师,信其道,从而有效消除学生逆反心理,让他们顺利度过叛逆期。

4. **有效利用成熟心理**

初中的孩子已经慢慢脱离了小学的幼稚,逐步变得成熟起来。在团体辅导时,要充分信任他们,指导他们就一些热点问题举行辩论会,实行民主管理,开展讲励志故事、朗诵励志诗歌、唱积极健康的歌曲等有益身心健康的活动,让他们在丰富多彩的活动中自我教育、自我完善,从而树立远大的理想,找到学习的原动力。很多同学都对升高中充满了希望,学习的倦怠自然消失得无影无踪了。

5. **有效利用好胜心理**

我们充分利用孩子的好胜心理,组织他们积极参加各种活动,争当排头兵,取得了优异的成绩。班级各项工作都能顺利而且卓有成效地开展起来:学校的手抄报比赛,我们班很多人获得了一等奖;不少学生被评为"学雷锋先进个人";初一、初二前的暑假军训我们班都只获得军歌比赛一等奖,到初三前的暑假军训,汇操表演和军歌比赛双双获得一等奖;班上很多学生通过了书法五至八级的考试,有的学生还获得了区级"小小书法家"的称号。班里的学生参加全国"新世纪杯作文大赛",获得了二、三等奖;郁同学参加"中学生与社会"现场作文大赛,获得了扬州市一等奖,江苏省二等奖;我们班在全校运动会上多次获得团体冠亚军,常规评比多次被学校评为"文明班级",初二下学期还被评为"区文明班级";陈同学和冯同学被评为"区优秀学生干部",赵同学和郁同学被评为"扬州市三好学生"。

团体辅导两年多来,我们班学生从幼稚走向成熟,使得家长精神抖擞,为自己奋斗;从失败走向成功,使得同学刮目相看,为自己点赞;从黑暗走向光明,使得老师无怨无悔,为自己骄傲。全班孩子无论是行为习惯的心灯,还是遵章守纪的心灯,抑或是用知识改变命运的心灯都不同程度地被点亮。

2016 年 12 月 29 日

◎ 向过程管理要质量，引导孩子走上正路 ◎
——家长会讲话稿

子女是否有出息，跟父母能否正确管教是分不开的。

据朱自清嫡孙朱小涛介绍，朱自清在文学上能有那么高的成就，和他的父亲朱鸿钧的教育分不开。朱鸿钧的家教非常严格，特别是对朱自清的作文，他一直都要求很高。每天晚餐的时候，朱鸿钧就喜欢在桌上摆上一碟花生米、一盘豆腐干，把朱自清叫到身边来，让朱自清把在私塾里写的作文给他看。如果私塾先生觉得好，写了很好的评语，朱鸿钧就会很高兴，给朱自清吃花生米、豆腐干；如果私塾先生写的评语不够好，朱鸿钧就会非常严肃地批评，甚至会撕烂朱自清的作业本。多年之后，当朱自清先生的第一本散文集《背影》出版后，特别是朱鸿钧在散文集中看到自己，那种油然而生的欣慰和自豪，让这位老人无比激动。

百年何园走出了"祖孙翰林""兄弟博士""父女画家""姐弟院士"等代代有出息的子孙，这些都与其奉行的一套严格完善的家教密不可分。《何氏家训》详尽规范了家族成员的修身处世、待人接物之道，如孝敬亲长之规、隆师亲友之规、鞠育教养之规、节义勤俭之规、读书写字之规、出处进退之规、待人接物之规、饮食服御之规、量度权衡之规、撑持门户之规、保守身家之规。我这里要重点说的是《何氏家训》中的读书写字之规。何氏是由科举及第而走向发达的家族，尤其重视对子弟的教育。一千多字的读书写字之规，详尽论述了读书治学之道，内容可以概括成读书治学三部曲：判断一个孩子读书学习能不能有成，不看他的气质，也不看他的才华，首先要看他是不是"敬",就是能不能从主观态度上崇尚学识、热爱学问、想学要学;其次要看他能不能"习",就是有没有做到读书以百遍为度,将所学的内容反复咀嚼、烂熟于心;再次要看他会不会"思",即是否能不但潜思默究参明义理,还反复叩问融会贯通。这则家训启迪我们"莫教春秋佳日过",珍惜时间多读书。

吴道台宅第出了不少院士和其他名人,吴氏家训中有着"成才未可忘忧国,有福方能坐读书"的励志名句。宅第中的测海楼,就是专门供子女读书的。楼中悬挂着家风楹联:"处事无他莫若为善,传家有道还是读书。"这副楹联是特意邀请吴家后人、书法家吴娃撰写的。

西汉董仲舒被尊为"众儒之首""汉代孔子",是中国传统文化的集大成者,是西汉时期著名的教育家、哲学家和思想家。"正谊明道"是其核心内容,包括"温、良、恭、俭、让"等儒家思想。董仲舒告诫我们:"正其谊不谋其利,明其道不计其功。"基于其"正谊明道"思想而创建的正谊书院已经成为扬州市的国学经典教育基地。

扬州文化底蕴深厚,人才辈出!我们学习、生活在扬州的人怎能不受到感染呢?

家庭教育失败的原因

1. 庄稼种下去,只等望天收

家长只问结果,不管过程,就像庄稼种下去,不浇水,不施肥,不锄草,不治虫,只等望天收。也许有的家长认为,教育孩子只是老师的事,与家长没有关系,家长只要给钱就万事大吉了。可是,家长们有没有想过:孩子回家的时间是否都用得很合理呢?孩子的作业都检查签字了吗?有些调皮的孩子,家长查作业,他说在学校;老师查作业,他说在家里。如有位张姓男生就玩小聪明。周一查周六的作业,他说不小心撕掉了。后来,我找了份撕掉用胶带纸粘起来做好的给他看,他才无言以对,把那份没有写的试卷写好交来了。如果老师也和家长一样粗线条管理,这份作业就不了了之了。他有时还玩花样,作业还没有写就要对答案。一到寒暑假常常是跟姐姐在一块,不跟父母走,作业大打折扣。后来姐姐知道真实情况了,管起来了。他最近有了一个较大的改变,就是想学习了,不再跟老师顶嘴了。但还有一个大问题,就是管不住自己,上课老想讲话,还哼歌,用他自己的话说就是"有一点痞子气"。还有一个吕姓女生,上课多次与其他女生讲话,屡教不改,我只好让她和另一个女生换位置;吕同学对外面发生的一切都很好奇,哪怕作业再多,老师只要找学生谈话,她都想听听;即使上课不讲话,也经常开小差,因为魂不守舍,常常人家作业已经写好了,她还一个字没写,老师问她了,她还理直气壮地说:"我没有听到。"这个孩子最好的成绩是第十名,拿过奖学金,现在滑到了最后。面对这种情况,家长也没有主动打过一个电话给老师。后来经过老师多次跟家长沟通,现在孩子又进步了。可见,加强管理非常重要。

2. 教育少方法,处理少经验

20世纪30年代,鲁迅说过,倒洗脚水不要连孩子一起倒掉。有的家长因为怕孩子玩电脑游戏,干脆让电脑消失;怕孩子玩手机,连手机也不要有。手机、电脑该不该用,什么时候用,家长如何监管,都值得我们好好思考。"倒洗脚水,连孩子也倒掉了。"这是极不负责任的简单而又粗暴的野蛮做法。同样的老师,同样的要求,由于家长的重视程度不同,形成了天壤之别。有的家长很少抽时间到学校来找老师,也很少陪孩子写作业,主动督查孩子作业。即使关心,也最多问一下:"作业写好啦?"孩子不管写没有写,写得怎么样,都回答:"早写好了。"这样的"关心",很难产生实际效果。

有效的路径

1. 老师要做孩子的朋友,但不触底线

陈同学有一段时间学习出现下滑,从前五名,一下子滑到了十多名,我找她谈了四十分钟的话,她向我哭诉了四十分钟。主要是说爸爸偏心,对同父异母的姐姐是和风细雨,言听计从;而对自己却是冷嘲热讽,百般挑剔,自己写作业时,要自己做这做那,稍不如意,就会粗话连篇,甚至拳脚相加。听完孩子的哭诉,我首先肯定孩子话中的正确部分,指出爸爸的不足,继而好言相劝,精心安慰,最后指出她的不足,并要她换位思考。她最终稳定了情绪,以饱满的热情投身到紧张的学习中去。因此,老师要放下身段,做孩子的知心朋友。

2. 老师要教育孩子体验父母难,不嫌学习苦

有位家长答应孩子,期末考进前十名,买一部苹果手机作为奖励,后来孩子有了动力,真的考进了前十名。但家长兑现承诺买了手机后,并没有管理

好这部手机,孩子玩手机常常不能自拔,成绩迅速下降。我在家访中了解到这一情况后,建议孩子们去体验家长工作的艰苦,收到了较好的效果。李同学暑假体验父亲开渣土车的艰辛后,写了一篇富有真情实感的作文,提高了学习自觉性;刘同学体验卖菜的辛苦后,知道金钱来之不易,也知道学习并没有父母卖菜辛苦,懂得了现在不认真学,将来要苦一辈子的道理。

3. **老师要鼓励孩子点亮心中灯,照亮前进路**

家长中要确定一个文化基础稍强一点的(最少也要识字的)来管教孩子,使孩子时刻记着,自己的基础本来就很薄弱,如果不能付出比别人更多的汗水,就难以改变自己的命运。

2011 年 5 月 6 日

◎ 用爱心筑起学生遵章守纪的钢铁长城 ◎

"夕阳无限好,尽管近黄昏。"接近退休年龄的我按照学校的分工接手七(4)班班主任的第一个学期,真可谓与时间赛跑,简直是马不停蹄。

开学之初的十天内,我充分利用晚上和双休日时间,走访了每一个学生家庭,实地了解这些外来务工人员的生活状况和子女的生活环境,掌握第一手资料,写了3 000字的《家访手记》,为制定班级工作计划奠定了坚定基础。

用爱心培养学生的良好习惯

很多孩子东西不会整理,资料不会存放,常常因为找东西而浪费大量时间。开学第一周,我就带班长去小商品批发市场,为每个学生批了一副铁书夹,一本多层塑料资料夹,一本日记本。这样学生的书摆放得整整齐齐,拿起来方便;资料夹挂在桌旁,分类清楚,找起来快速;日记本记录自己的心路历程、成长趣事,便于前后对比。一学期下来后,学生把试卷等资料分类装订就易如反掌,不费吹灰之力。从此,学生学会了如何保管学习资料,学习生活有条不紊。

用爱心排除学生的心理障碍

从五湖四海来的学生,存在不同的心理障碍。有的学生因父母吵架闹离婚而感到生活的绝望,需要老师及时与家长沟通,还要及时对孩子进行疏导;有的女生,因为没有母爱而自暴自弃,需要老师加倍关心呵护;有的女生过于男性化,需要老师及时矫正;有的男生对异性过于好奇,言行举止出格,需要老师从生理、心理、情感、意志等方面进行正面引导;更有甚者,有的男生因为青春期叛逆而不听师长管教,发展到课堂上与老师顶撞、撕书,在同学的凳子上放图钉,甚至有推倒母亲、离家出走等行为,需要老师动之以情,晓之以理,施之以爱。这些学生通过老师苦口婆心的耐心疏导,有效排除了心理障碍,走上了健康成长的道路。最令人头疼的张同学,小学阶段老师几乎完全放弃了他,养成了许多不良习惯,排除了心理障碍后,十三年来,第一次开口叫自己的爸爸妈妈了,成绩也出现好转;赵同学放下思想包袱后,一跃成了全班第二名。

用爱心宽容学生的幼稚错误

本班虽然是励志班,但学生大多在不良的家庭环境中长大。从自由轻松的小学一下子进入竞争异常激烈的初中,学生觉得苦不堪言,又正值他们的青春萌动期,缺点错误实在是在所难免,如果班主任操之过急,过度严格,则很可能会欲速不达,甚至事与愿违。因此要用发展的观点看待问题,随时做好学生情况出现反复的心理准备,千万不能一棍子把人打死。即使学生屡教不改,也不能一推了之,而是要有屡败屡教的长期作战准备。人非草木,孰能无情?精诚所至,金石为开。学生犯了错误以后,教师既要严肃批评,又要分析原因,更要指明方向。只有用爱心宽容学生的幼稚错误,给他们改正错误的时间和机会,才能让学生走上健康成长的正确轨道。

用爱心改变学生的枯燥生活

学生平时的生活是从家庭到学校两点一线,单调而枯燥。老师要设法让学生的生活变得丰富多彩。学生跑操,老师跟着一起跑,既维持了纪律,又锻炼了身体,一举两得。我还对在老师前面跑过终点的学生给予表扬,并在期末评选体育锻炼标兵时与校运会获奖的人一样看待,学生积极性大增。元旦,让学生进行以"走向青春,走向成功,走向辉煌"为主题的才艺展示,老师现场进行书法表演,并将书写的三副勤学励志春联赠送给三个节目主持人,把书法作品盖上印章后奖励给书法进步明显的同学,大大调动了学生的学习积极性。老师还利用节假日带领学生参观扬州古城,了解古城文化,陶冶学生情操；走进社区，参观集报剪报工作室，拓宽知识视野；鼓励学生写文章发表在学校《彩虹作文月报》和《扬州晚报》上，让学生品尝成功的快乐。

春节前，班主任亲自书写励志春联，作为座右铭奖励给学生作为纪念

用爱心引导学生的自我教育

　　无论什么措施出台，首先由老师拿出主导意见，征求学生及家长意见后实施，让学生进行民主化管理。评先评优，学生对照标准自我申报，班委会讨论通过，班主任审核，再报学校批准。学生操行等第评定，先在期中考试后，由学生先对照标准自评，并征求家长意见，找出存在问题；后一个月，由学生自纠，然后再由学生重评，最后再由班委会评定。学生评语，先由老师写成律诗形式，征求学生及家长意见，然后不断修改，直到学生满意为止。这样虽然很烦琐，但起到了一个让学生自我教育、自我管理、自我完善的作用，效果非常明显。

　　经过一个学期的班级管理实践，一个良好的班集体逐步形成，秋季运动会上我们获得了全年级第一名，班级常规管理走上正轨，学生犯错误的现象大为减少，学生的良好学习习惯已初步形成，成绩进步较为明显。俗话说得好："前途是光明的，道路是曲折的。"由于学生基础、智力和家庭重视不够等诸多原因，老师还要多动脑筋，排除各种非智力因素的干扰，才能给学校带来希望。

2015 年 1 月 20 日

◎ 将"爱"进行到底 ◎

初一下学期我们按照学校的要求,加强了对学生的良好的行为习惯的养成教育,学生没有发生像上学期的早恋、离校出走、爬窗户等重大违纪事件。

开展丰富多彩的活动,寓教于乐

在平时工作中,我发现学生的生活单调而枯燥,作为班主任,我决心设法让学生的生活变得丰富多彩:通过开展"反邪教"黑板报、手抄报活动,引导学生自觉抵制不良行为的影响;通过开展庆"三八"手抄报等活动,培养学生感恩母亲的情怀;通过庆"五一"活动,培养学生热爱劳动人民的思想感情;通过庆"六一"文娱会演,培养学生的自信心,树立告别少年,走向青年的责任意识;发展了首批共青团员9人,让学生学有榜样,有目标;通过开展庆端午手抄报活动,引导学生缅怀屈原,激发学生的爱国热情。

我组织学生参加马拉松志愿者服务活动,引导学生学习运动员的拼搏精神。我还利用节假日带领学生参观扬州古城,了解古城文化,陶冶学生情操。如参观普哈丁墓园,了解中外文化交流的历史;参观吴道台宅第的测海楼和朱自清故居,了解读书的伟大意义,激发学生的读书热情;参观琼花观,结合大运河成功申遗,让学生了解隋炀帝的功过是非;参观个园,特别是石涛和尚堆叠的人间孤本——片石山房,了解扬州私家园林的独特风格,了解明清的历史变迁。这些活动的开展拓宽了学生的知识视野,陶冶了学生的情操,提高了学生的写作水平。我还带领学生走进开发区检察院,了解青少年犯罪的典型案例,让学生参加丰富多彩的法律知识竞赛。

通过丰富多彩的活动,寓教于乐,学生不仅丰富了写作素材,而且拓宽了视野,陶冶了情操,受到了深刻的教育。

明确班主任工作的重点,爱生如子

在与学生的交流中,我了解到学生背地里有骂老师的现象,而且比较普遍,通过对学生的心理进一步深入分析,主要原因如下:

(1)老师上课经常抓住我们的缺点不放,甚至于用《西游记》上的话"骂"我们。

(2)老师经常逼着我们读名著,我们就想读一些其他书籍。

(3)小学老师都不管我们,到中学老师管这么紧,我们不能接受。

(4)老师抓得太严,作业太多,我们没有玩的时间。

(5)老师连我们吃饭都要管,我们受不了。

我深深地知道:世界上没有无缘无故的爱,也没有无缘无故的恨。是老师的处理不当,老师就要及时承认,勇于改正,才能取信于学生,否则只会适得其反,严重挫伤学生的积极性。如第一条理由就要引起老师足够的重视。我在家长会上表态,只要是学生犯过的错误已经改正的,老师再提,就公开向大家赔礼道歉;至于用《西游记》的俗语"骂"人,只是告诉大家要多读书、多运用,就像《晏子使楚》中告诉我们的道理:是不能随便同圣人开玩笑的,否则只会自讨没趣。

至于背后被学生怨恨,我是有思想准备的,我跟学生说过:"宁愿让你们恨我三年,也绝不让你们恨我一辈子。"我还用悬挂在墙上的标语教育学生:"你是用三年的时间换来一辈子的幸福,还是用一辈子的时间来忏悔这三年呢?"

针对以上一些问题,我并没有发火,而是让学生在日记本上以"我的三分之一初中路"为题总结初一的得失,通过自我分析,先行自我教育。然后召开家长会,一是汇报月考成绩,二是让家长看学生写的文章,对学生进行全面了解,三是说明情况。学生在家长的教育下纷纷上台向老师道歉,并表态:"保证不再骂老师,还请老师一如既往地指导我们学习。"

指导学生处理好生活事务,以理服人

作为班主任,我不仅要管好学生的在校就餐,而且要管好学生自行的外出就餐,否则会产生许多矛盾。有一个下学期即将转学的男生过小生日,想请三五好友小聚一下。虽然我们老师并不提倡,但如果方法得当,相互说一些鼓励的话,不花太多的钱和时间,也未尝不可,说不定还是一件好事。但这个学生偏偏做了一件吃力不讨好,损人不利己的事。

一听说某同学要请客,十几个男生都想参加,这个学生感到经济压力太大,就决定每个人收 80 元。这样范围就大大缩小了,只剩下 5 个人。但一波未平,一波又起。有学生回家要钱,家长不给,矛盾产生,就打电话给我,让我做孩子的思想工作。有家长说:"我请 14 个朋友吃饭,只花了 340 元,你请 4 个人吃饭用了 600 元,花了 5 个多小时(4 点多到 9 点多)。"相比之下,就知道孩子根本就不知道珍惜时间,珍惜金钱。我问请客的孩子:"600 元都是你家长给的吗?"他回答说:"是的。"我又问参加的孩子:"世上人情债最难还,你们有回请的计划吗?"他们异口同声地说:"有。"了解详情后,经过再三考虑,我在家长会上提出了处理意见:"参加的同学一起'抬石头'(AA 制)吧,无须再还人情——回请。这件事到此为止,希望大家能从中吸取经验教训。"

经过沟通,绝大多数同学接受了老师的意见。这个事例说明,老师应该给学生改正错误的机会,将对学生的爱进行到底。

为调皮学生提供贴心服务,以情动人

有一天上午 11 时 20 分左右,我在食堂吃饭。第四节课是体育课,外面下着大雨。突然,班长来报告:"我班'知名人士'张某某的牛仔裤撕了一条长有一米的大缝,想要回家换衣服,请老师批准。"此时,我的眼前浮现出他上次离校出走,让我们到处寻找的画面。我立即说:"不行,让他马上到我的名师工作室来(独立办公室)。"我向食堂的师傅借了针和线,赶到办公室,让他脱下坏裤子,换上我的裤子,先去吃饭。我又打电话给他母亲,让她送一条裤子到学校。我利用这个时间,将他的裤子一针一线缝了一个来回,确保穿上身不再坏。这个学生见到母亲说:"想不到丁老师还会缝裤子。"我趁机对他进行了教育:"雨下这么大,你们不在教室好好做作业,反而冒雨去爬树,跌伤了怎

么办?"这时,这个贪玩的孩子才认识到自己的错误。我深深地知道,对于这样一个给惯坏的孩子,不是一朝一夕能够教育好的,老师需要有足够的耐心和爱心啊!

在综合实践活动中,做陶瓷工艺品时,别人做杯子,他做了一个大大的赌具——骰子;体验炒菜的乐趣时,别人做出可口的黄瓜炒鸡蛋,他直接将黄瓜吃了;作文不会写时,他还振振有词地狡辩:"做人要低调,我不是不会做,只是不想做而已。"我语重心长地说:"这是集体活动,你不想做,说明你无拘无束,没有集体荣誉感;你会做,应该露一手,给别人做个示范,让大家对你刮目相看。你一篙子打翻了一船人,难道全班其他做菜的同学都不低调?难道你水上独木桥不敢过,网墙不敢上,攀岩不参加,都是低调吗?"我连珠炮似的发问,问得他哑口无言,心服口服。

探望到医院,服务到家庭,以心暖人

初一下学期有两个学生住院手术,我都亲自与学生代表到医院探望。一是陈同学阑尾炎,住苏北医院,本来家长怕影响孩子学习,想保守治疗,哪知事与愿违,后来发现已经穿孔,只好立即手术。我与学生代表一起奉献爱心,自费去医院探望,鼓励学生配合治疗,还主动为学生提供补课,努力使落下的课程尽快补上。学期结束前一个月,下学期决定转学的蒋同学又生病住院,虽然孩子由于家长疏于管理,有贪玩懒学的念头,也犯过一些错误,但他毕竟还是本班学生,也应该一视同仁地对待。

由于班上只有一个是本地生源,其他都是来自五湖四海的学生,所以绝大多数学生的共同点是:既想上四星级高中,又怕吃苦;既想当学生干部,又不能严格要求自己。常常是做事丢头落尾,作业短斤少两。教育学生成人成才就显得任重而道远。作为班主任,应该将对每一个同学的爱进行到底,决不能半途而废。

2015 年 6 月 10 日

◎ 用老师的耐心唤醒学生的责任心 ◎

虽然经过了初一一年的严格要求和良心教育,学生在行为习惯的养成方面有了长足的进步,没有再出现一些像起初的爬窗、早恋、搞恶作剧、离校出走等严重问题,但是作业拖拉,学习资料丢失,主动性、责任心缺失的现象时有发生。虽然老师恨铁不成钢的心理时有出现,但老师仍要用耐心唤醒学生的责任心。

保管资料要善意提醒

我们老师经常发现,有的学生经常丢三落四,资料老是缺东少西,这些问题即使给学生家长发短信进行反馈也无济于事,因为家长有的不认得字,或者又懒得看手机,有的时候让孩子代看,实际上短信就给孩子拦截掉了,发了等于没发。作为老师,既不能过分批评,更不能大动干戈,怎么办？只能经常善意提醒:"暂时不用的书先带回家,不要急着卖,更不要随便扔,至少要保管到初三……"经常及时提醒,会收到较好的效果。

复印资料要不厌其烦

因为学生来自五湖四海,家长又缺乏具体的有效指导,平时补充的资料,常常是今天发,明天丢,再用时就到处找。老师指导学生买来多层塑料资料夹,对资料分类保管,但有的学生怕麻烦,三天不到,资料夹就会不翼而飞。

如张同学、徐同学、尹同学等。即使有资料夹的,有时也找不到资料,急用的时候就到处翻箱倒柜地找,仍然找不到的,就只好站在同学旁边听讲。怎么办?老师只好多复印几份备用。有一次,物理老师要讲新课,提前布置学生借或复印资料,但课前检查时,有9个同学还没有。这种情况经常发生。既然不能改变这种环境,那就只有适应这种环境吧!因此,班主任要有充分的思想准备,复印资料要不厌其烦。

作业细心要常抓不懈

有的学生态度马虎,底子薄弱,形成的错误要改正真的是难于上青天。如"专"字,常有学生把上面写成"土"字,订正一次不行,只好再次订正。还有学生常把左右结构的字写成上下结构,如"挠"字。数学上也是,同样的题目一错再错,甚至经常在考试时,没看清题意就下笔。主要问题就是粗心,这样的"差之毫厘",就造成了"谬以千里"。因此,即使是默写,学生自己批改后,老师批改时也要仔细、仔细、再仔细,否则还是会错误百出。只有常抓不懈,才能让学生认真、细心地完成作业。必须有这样的精神准备:要想让错误减少一个,教师要花费无数的心血和汗水。

督查作业要持之以恒

作业有布置,就必须有检查,否则就等于不布置。因为,总有那么几个学生不是争分夺秒地学,而是争分夺秒地玩,作业能拖则拖,能抄则抄。这对提高教育教学质量是极为不利的。长此以往,必然造成学生贪玩懒惰,不学无术;走上社会会缺少诚信,后患无穷。因此,作为班主任,督查作业一定要持之以恒,不能按时完成的,一定要及时发现,及时纠正。此外,每天一早,班主任要在学生前到校,收查作业,这样才能有效避免抄作业现象的发生。

卫生打扫时严格检查

我班人数较少,大扫除任务繁重。尤其是秋季,树叶飘零时,花费的时间会更多。如果卫生委员不能严格督查,势必影响晨间诵读的质量,任课老师也会有意见。因此,除落实责任外,要进行严格的检查,班主任亲临现场具体指导,做卫生委员的坚强后盾,确保工作做到位。事情虽小,但如果做得出色,将能保证一天的良好开端。

制定政策要奖勤罚懒

我们这一届进校生源较差,如果没有强有力的激励措施,就很难有所起色。因此,我们制定了一系列有利于调动积极性的措施。

(1)在严格遵守《中学生日常行为规范》的基础上,肯定学生文化成绩的进步。

(2)打扫卫生不负责任,学习被动,浪费时间,作业拖拉,表现退步的学生,要以劳动的形式进行弥补,引起触动。

总之,作为一班之魂的班主任,面对积习难改的学生,要时刻保持清醒的头脑,不要

三十年难忘师生情,学生赠送红围巾

抱有任何一蹴而就的幻想。只有用持之以恒的引导,把老师的"爱心"变成学生的"信心",把老师的"耐心"变成学生的"细心",把老师的"恒心"变成学生的"专心",才有可能唤醒学生的责任心。

2016年1月8日

◎ 过好寒假，充实自我，快乐过年 ◎

为期 30 天的寒假即将来临，如何过好这个"漫长的寒假"，是家长学生大为头疼的问题。这里我给同学们提一点建议。

多读书，读好书

俗话说："读书破万卷，下笔如有神。"事实证明，很多学生怕写作文，甚至一提到要写作文，就感到头疼。家长也是心乱如麻，爱莫能助。主要原因还是同学们平时学习任务重，好书读得太少。有的同学虽然书读得不算少，但属于被动读书，疲于应付老师布置的任务，当然收获甚微。还有的同学读书的方法不对，既没有圈点出好词语，又未能勾画出好句子，更没有批注出好在何处，如哪些地方描写生动，运用了什么修辞手法，有什么作用，等等。读过书后，时间一长，除了少数故事情节外，什么都记不起来了，当然就没有什么积累可言，写作时也就当然会捉襟见肘，即使绞尽脑汁，也无济于事。有的同学写作时甚至像挤牙膏似的，东拼西凑，不得要领。因此，同学们要利用这个长寒假，定下心来，像可爱的春蚕咀嚼足够的桑叶一样，像勤劳的蜜蜂采集足够的花粉那样，认认真真多读几本好书，写作时，才能像春蚕一样吐出亮晶晶的丝，像蜜蜂一样酿出甜美的蜜来，才能真正达到"下笔如有神"的境界。

当然，读书要有选择。对自己成长进步无益的书，还是不读为好，否则贻害无穷。至于读什么样的书，《义务教育语文课程标准（2011 年版）》有明确的规定,不同的年级,也有不同的要求。同学们可以按照语文老师的要求,选择符合年龄特点和兴趣爱好的书读。当然,除了吸收有益的营养外,还要摒弃糟粕,大胆质疑,因为"尽信书,则不如无书"。还可以精读一些精美散文和短篇小说,因为,好多学生在考试时,都是阅读分析扣分多,其主要原因就是读不懂。所以,充分利用这一个月的寒假,适当精读一些书刊上文质兼美的千字文,对提高阅读分析能力和作文水平都是大有裨益的。

多体验,勤实践

俗话说:"耳闻不如目见,目见不如足践。"学生不仅要"读万卷书",更要"行万里路"。这里所说的"行万里路"不仅仅是指游山玩水,还包括各种生活和生产实践。

(1)走进菜市场。看菜农如何卖菜,看父母如何买菜,如能亲自体验卖菜或买菜的过程,将会从中感受到劳动的艰苦和快乐。

(2)主动做家务。走进厨房,帮助洗洗锅碗,看父母如何做出可口的饭菜。自己如果能做出一两样美味的菜肴,岂不表明自己真的长大了?还可以自己整理好房间和衣物,参与春节前的家庭清洁卫生工作,干干净净过新年。要尽快从"饭来张口,衣来伸手"的养尊处优的状态中走出来。

(3)学会招待人。春节期间,亲戚朋友间的走动交流在所难免,这是一个学习的好机会,要学会招待客人,问候长辈,关注一下大家交流的内容。千万不能整天抱着个手机打游戏,而怠慢了亲朋好友。

(4)体验父母苦。寒假期间,可以抽一天时间,分别走进父母的工作所在地,体验他们工作的辛劳,学习他们的敬业精神,采访他们成功的技巧。这样做既可尽快拉近自己与父母的距离,充分理解父母的良苦用心,也有利于自己的健康成长。

(5)学做有心人。春节期间,亲人团聚,喜上眉梢;总结过去,展望未来;夫妻畅饮守岁酒,儿女欢争压岁钱。一幅幅画面让人精神振奋,感情激荡。还可以欣赏到各种盼望新年有好运且富有诗情画意的春联,品味到语言优美、朗朗上口的祝福短信。如注意仔细观察,及时搜集整理,定会收获多多。

(6)学会看电视。春节期间,肯定有好多有益的电视节目。如每年一度的央视春节联欢晚会,都有一批全国最优秀的文艺人才精彩亮相,还会有一些为实现强国之梦做出突出贡献的杰出人物闪亮登场。他们为什么能够成功上春晚？究竟有哪些过人之处？为什么能够脱颖而出？这些成功之花在精彩绽放前，究竟浸透多少奋斗的汗水？这些都是值得莘莘学子追根究底的。另外，重大的新闻也是要了解的，如扬州台的《蔷薇花开》中的励志故事，就是值得大家分享的，因为家事国事天下事，事事都要关心。如果还是"两耳不闻窗外事，一心只读圣贤书"，写作时当然只能拾人牙慧，毫无创新可言；考试时自然捉襟见肘，无所适从。

真练笔，实写作

只要读书了，就一定会有收获和感悟；只要有收获了，就一定要写下来；只要有感悟了，就一定要及时形成一篇篇像模像样的读后感。同样，参加实践了，就经历了事情的全部过程，就一定会有自己深切的体会。如果能及时记录下来，就是一篇篇记叙具体、描写生动、富有真情实感的记叙文。在写作文时，自然不会再胡编乱造，漏洞百出，让人笑掉大牙了，当然就能有效堵住作文造假的漏洞。同时，由于作文的选材是来自真实生活的，毫无疑问，它一定是很新颖的，考试时就不怕与别人的选材撞车了。老师如果布置写作文，你岂不是易如反掌、手到擒来吗？

学生在扬州茱萸湾公园野炊——包饺子

要复习,会预习

毋庸讳言,中高考制度未能彻底改革之前,升学的压力就会依然存在。孔子告诉我们:"温故而知新,可以为师矣。"寒假中,同学们还要抽出一定的时间来复习旧知,查漏补缺。在此基础上,认真完成老师布置的各项寒假作业。如有可能,还要预习下学期的新课。因为下个学期是一个短学期,但教学任务并没有减少,要按时完成教学任务,老师的讲课速度可能会适当加快。因此,提前预习,未雨绸缪,才能抢占学习的主动权。

综上所述,只要安排巧妙,这漫长寒假,这新春佳节,你就会过得轻松而快乐,充实而健康。

2016 年 1 月 12 日

◎ 中学生应该养成良好习惯 ◎

习惯铸就性格,性格决定命运,知识改变人生。初中时期是青少年生理快速发育,心理急剧变化的重要时期,是习惯养成、道德完善、知识增长的重要时期。一个人无论能不能成才,但都必须成人。因此养成良好的行为习惯能使学生终身受益。对初中教师来说,下苦功夫,培养学生良好的行为习惯至关重要。

文明行为的习惯

文明社会,呼唤文明。学生的文明行为习惯包括仪表整洁,举止端庄,言谈儒雅,待人和善,讲究卫生等方面。如随手关灯,垃圾进桶,物品归位等举手之劳的见眼生勤习惯。

遵章守纪的习惯

家有家规,班有班风。初中生要遵守《中学生守则》《中学生日常行为规范》,严格遵守学校的课内外活动纪律。有事要履行书面请假手续,杜绝"不告而辞,先斩后奏"的现象发生。

生活俭朴的习惯

要培养学生的良好习惯就必须要求学生能按照身心运行的规律来组织

自己的活动,这将有利于身体健康和提高学习效率。如养成按时吃早餐的习惯,不吃生冷及不卫生的食品,改变吃零食的习惯等,防止病从口入;养成穿着俭朴的习惯,防止只追求外表的华丽而忽视内在气质的养成;生活要有节奏、有规律,因为不会休息,就不会学习,要提高自己的学习效率,就要生活有规律,不能一到周末放假就睡懒觉。

认真学习的习惯

认真学习的习惯范围很广。如热爱读书的习惯,可以有效防止学生读书走马观花;珍惜时间的习惯,可以有效防止学生动作过慢;课前预习的习惯,可以有效防止学生上课囫囵吞枣;作业优先的习惯,可以有效防止学生作业马虎;劳逸结合的习惯,可以有效防止学生第二天昏昏欲睡;独立思考的习惯,可以有效防止学生不动脑筋,死记硬背;坐姿端正的习惯,可以有效防止眼睛近视;积极发言的习惯,可以有效防止学生只会"看戏"不会"演戏";有序摆放的习惯,可以有效防止学生因找不到东西而手忙脚乱;等等。

主动劳动的习惯

劳动可以培养人的吃苦精神、战胜困难的勇气、解决问题的能力、增长才智的毅力,促进身心健康发展。虽然大多是务工人员子弟,但班上多数学生的家长还是只要孩子学习,而不要他们做家务。他们在家庭里被视为宝贝,视为"小皇帝",一些活儿,甚至一些简单的小事如扫地、洗碗、洗衣服,都由家长包办,家长只让他们专心读书。而无数事实证明,培养学生的劳动习惯,不但有助于学生理解父母的辛劳,也有助于学生在学习中养成吃苦精神。

除此而外,还要培养学生的责任意识、感恩意识,等等。

2016 年 9 月 1 日

◎ 从物品有序摆放抓起 ◎

都说初中生的成绩变化有规律：初一不相上下，初二两极分化，初三是一个天上一个地下。究其原因，肯定是多方面的，但经过仔细观察，我发现一个很重要的规律：成绩的好坏与有没有良好的习惯有密切关系。凡是成绩好的都是东西摆放井井有条，做事有条不紊的学生；成绩不好的往往是那些东西摆放凌乱不堪，需要用的时候，则手忙脚乱，翻箱倒柜，急得满头大汗而无济于事的人。

初中学生面临巨大的中考压力，初一有语文、数学、英语、地理、历史、生物、思品、音乐、美术、体育等11门功课，初二再加一个物理，就是12门，为了迎接中考，到初三刚结束了小中考的地理和生物，却又多了一门主科——化学。教科书多，有这么多的教材，就这么多的教辅用书，有省里配套的，有市里配备的，还有孩子自己买的。再加上每门功课都有作业本，还有书法、阅读、地方教材等。这么多的书籍簿本，如果不能有序摆放，就会凌乱不堪，不但找起来非常困难，而且严重影响自己的坐姿，桌上都没有空间写字了。

我在初一就组织班干部去批发市场批了铁书夹和塑料资料夹，并对资料摆放提出了统一要求。学生当时个个都能把资料按序摆放。到了初二，因为过了一个暑假，再加上更换教室，有一些同学就把塑料分类夹子用坏了，还有的把夹书的铁夹弄丢了，还有的嫌麻烦，就干脆弃之不用了。学生的成绩也受到了影响。

到了初三，教室再一次更换，能将书籍簿本资料有序摆放的学生进一步减少。我感到大事不妙，再一次采取措施，我将物品摆放有序和摆放无序的、坐姿端正与歪斜的同学分别拍成照片在多媒体屏幕上播放，让同学自己分析利弊得失，同学们的物品摆放习惯得到了有效的纠正。

2016 年 9 月 1 日

◎ 抓好班级奖励条例的制定与落实 ◎

口头点赞

只要学生在某一方面有进步、有特色,老师就要及时进行点赞,以便放大他的亮点。这不但可以让他树立信心,还可以让其他同学好好学习。如学生上课积极发言,特别是声音洪亮且正确率高的;课后及时询问问题的;作业书写认真,成绩有进步的;等等。这是赏识教育的基础。人们常说:"没有钱,要有言。"老师的每一次口头点赞,对学生的鼓舞作用是不可小觑的,因此,老师千万不能吝啬平时的口头点赞,更不能只认为,这是学生应该做到的。

书面奖励

学生在一学期中,在某一方面取得显著进步时,老师可以提请学校发放不同的荣誉证书,也可以做宣传牌。如优秀学生(三好生)、优秀学生干部、学习进步标兵、遵章守纪标兵、体育锻炼标兵等称号,书法竞赛、手抄报比赛、作文竞赛、绘画比赛、朗诵比赛、独唱比赛等奖项。这些证书和宣传牌,学生可以贴(挂)在自己的书房里,不断地激励自己进步。

还可以有对联奖励。春节前夕家家贴春联,我这个老师会书法,正好利用这个机会,自购材料,写出一副副充满希望的春联,送给表现好的学生,学生也会感到自豪。

还有评语奖励。我写评语,从初一开始,就只写学生的长处,不写缺点。(而把缺点写在希望里)而且形式是七言律诗,初一、初二只考虑押韵和中间两联的对偶,要不断征求学生和家长意见,反复修改,目的就是让学生不断地完善自己。到初三基本定型了,才全面考虑到平仄音律。到初三毕业时,作为临别赠言送给学生,做永久的纪念和鼓励。

　　这些奖励,学生可以和家长汇报,和亲朋好友分享,从而产生自信。

物质奖励

　　物质奖励有一本软面抄,一支水笔,一本名著,等等。学生用到这些物品时,就会想到,这是自己努力得来的,付出是值得的。当然还有金钱奖励,如奖学金、助学金等。特别是社会上的一些解困基金,是指名奖励给那些品学兼优但家庭较为困难的学生的。

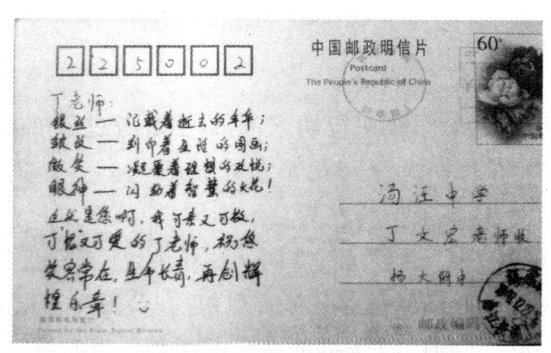

学生寄来的明信片

　　班级奖励条例实施以来,效果很不错,班风正,学风好。各项工作,尤其是学习情况进步明显,表现出色。

2016 年 9 月 10 日

◎ 成人永远比成才更重要 ◎

事件回放

2012年6月27日,学校举行期末考试,上午考过了语文,下午考数学。中午12:50—1:50午休期间,不幸的事发生了。

我走进教室时,发现王老师在教育小李同学,葛副校长在旁听。小李同学哭哭啼啼,好像受了天大的委屈;辜同学站在讲台前,一声不吭。我再仔细一听,原来是初一(1)班班主任王老师听到初一(2)班声音很大,赶到这里一看,李同学和辜同学在扔用两张报纸做成的纸球。当时纸球正在李同学手上。王老师对李同学和辜同学进行批评教育,师生发生了争执。

急中生智

双方僵持不下:学生死不认账,老师骑虎难下。看到这种情况,我顿时感到,这件事只能冷处理,否则只会激化矛盾。我急中生智,以"我来处理"劝走了王老师。

我让李同学回到座位上复习数学,其他同学写一个真实的情况反映给我,也可以发表自己的看法。

真相大白

何同学说:"今天中午,我们班上许多人在玩纸球,吵吵闹闹的,正在睡觉的我都被吵醒了,真是烦人。后来,老师来了,正好球被扔到了小李同学那里,小李同学被老师捉到了,老师对小李同学进行了批评。可是,小李同学不但不听,还和老师顶嘴。后来,便与老师争辩了。他说他没有扔。我可是看见他扔了好几次。小李同学可真是的,他应该像一个男子汉,要敢于承担责任,不能给初一(2)班丢脸。"

付同学说:"小李同学用纸球扔向叶同学和彭同学。大邹同学扔纸球砸辜同学,辜同学认为是小李同学扔的,就向大邹同学借纸球砸小李同学。小李同学将纸球扔给辜同学时,辜同学又扔给小李同学。"

小邹同学说:"大邹同学扔纸球时,被王老师逮个正着,被罚站在讲台上;王老师回班后,小李同学在那里乱扔,被大邹同学看见了,王老师正好过来,大邹同学就把小李同学所干的事都告诉了王老师。小李同学做错事不敢承认,我真是交错他这个朋友了。"

事后反思

1. 多数同学有正义感

从学生反映的情况看,多数同学是有正义感的。吴同学说:"明明是小李同学不对,他还哭,还把自己的爸妈、老师和自己全骂了一遍,还满口谎言,我还从来没有看过一个这么说谎不脸红和死不认账的人,真是太不应该了。"

2. 学习目的不明确

从学生这头来说,按照常理,期末考试时,应该珍惜时间,抓紧午休,养精蓄锐,认真复习,以利再战。

从老师这头来说,应该按时到岗,不能有丝毫的疏忽大意。

从领导这头来说,只要有学生在,就应该有老师在岗管理,决不能出现"真空"现象,否则,只会养成学生看老师、学造假的现象。包括早读课在内,有老师指导和没有老师指导效果是不同的。

总之,政教处、班主任要加强学习目的性教育,老师要开展丰富多彩的活动,想方设法调动学生学习的积极性,特别是要想方设法树立正面形象,让学生学有榜样,赶有目标。

3. 成人比成才更重要

对于普通初中,特别是城乡接合部的农村初中,培养尖子生并不是主要任务,而教育学生成人却应该是我们这些学校最主要的任务。我以为,成人永远比成才更为重要。如果是因为学生上四星高中无望,而放弃对学生各种良好品德的培养,那就是本末倒置了。只有将培养学生成人放在首位,真正实施素质教育,普通初中才有可能冲破重围,才是真正的以人为本。

我曾经幻想,如果我们能在上完规定的课程后,将下午第四节的自习课改成兴趣课,如书法、美术、足球、音乐等,让学生做自己想做的事,可能会让学生感到快乐得多,也更有可能让每个孩子都有成功的信心,离成人就近了一步,省得学生再有破罐子破摔的心理,离开了老师就想痛痛快快地玩一顿。

4. 学生自省作文(李同学)

重塑形象

2012年6月27日中午,同学们按道理应该复习数学,准备迎接下午的考试,但我们班许多同学却在玩纸团,我看了也想玩。究竟玩还是不玩呢?经过一番心理斗争,我想,反正数学考试没有什么要记忆的东西,应该不会太难,于是,我高兴地说:"带我一个。"

辜同学兴奋地说:"好!"然后,把纸球扔给我,我在手上团了团,向辜同学扔去,辜同学又扔过来。就在这时,初一(1)班的老师悄悄来到了我们班上,"放哨"的同学立即说:"老师来了,赶快把纸团收起来。"我忙把纸团搁到桌子的抽屉里,老师巡查了一会,回自己的班级去了。于是我们班又上演了纸团大战。我又把纸团从抽屉里拿出来,向辜同学扔去……

不一会儿,初一(1)的王老师又朝我们这边走来。无巧不成书,大邹同学讲话,被老师逮到现行。老师让他站在讲台旁看着我们,可他只说了一句:"大家继续玩。"于是我们又玩了起来。我向辜同学扔去,他又扔过来,被涂同学挡住了,我心里一阵狂喜。但涂同学又把球扔给辜同学,让辜同学继续砸我。辜同学又扔过来,可能是声音太大,影响了邻班老师上课,初一(1)的王老师又来兴师问罪了。

王老师问:"你是不是扔纸团了?"我说:"没有。"王老师哪信呀,朝我轻轻拍了一下:"不是你扔的,是谁扔的?"我指着辜同学说:"是他扔的。"王老师把他叫出来，又轻轻拍了一下，可他不承认："不是我扔的，我一直在睡觉。"王老师又问："是谁扔的？"同学们异口同声地说："是李某某扔的。"我们班丁老师来了。我是承认还是不承认呢？承认了，老师会不会找家长呢？不承认，同学们以后怎么看我呢？我左思右想，反正都撒了一次谎，干脆就撒到底吧！我斩钉截铁地说："没有。"然后，我就破罐子破摔，开始和王老师顶嘴。最后王老师被我气走了。我心里觉得有点惭愧，男子汉做事怎么能不承认呢？

我想和初一（1）的王老师说一声："对不起，是我错了。"我保证不再说谎，认真学习，重塑形象，为班级争光。

由此可见，处理偶发事件，要想收到理想的效果，应当权衡利弊，三思而后行，切不可急于求成，否则就会欲速不达，事与愿违。只有先想方设法还原事实真相，才能迅速找到解决问题的正确方法；另外，师生之间要平等相待，如果老师始终居高临下，有的学生会"貌恭而心不服"，甚至敬而远之，让你成为"孤家寡人"；还有的学生就是不吃你那居高临下的硬的一套，到头来，徒劳无益。

2012 年 6 月 28 日

媒体报道

◎ 学生心灵脆弱，爱心架起天桥 ◎

现在的初中生多数是独生子女，在家娇生惯养，在校学习负担重，心灵脆弱。任课老师，只有用无私的爱心，才能架起师生间情感的桥梁。

一天下午，上完第一节二模语文试卷分析课，一个学生来问我问题。我一看，这个问题很简单，错误也很典型，是把议论文的论证方法"对比论证"与说明文中的说明方法"作比较"搞混了，这是典型的上课不认真听讲，临时抱佛脚的表现。因此我说："这个问题很典型，下一节课我会讲的。"上课我再一次讲清了这个问题，而且点了这个同学的名，本想引起这个同学的注意，万万没有想到的是，这引起了全班同学的哄笑：这么简单的问题，老师已强调过多次，你怎么还错呢？课后，我的办公桌上多了一张字条：

不懂怎么办？下课问你，你说上课讲，可是你的举动伤害了我的自尊心。请问，我以后能在同学面前抬起头吗？我下课问你的时候，你为什么不说？你的一举一动会让我从心底讨厌你，从而讨厌语文。黑板上的字迹虽然被擦掉了，一节课也过去了，可是在我的心底，这个阴影再也抹不去了。我发现，你的笑声是如此的刺耳，你的眼神是让我如此的厌恶。

"征于色，发于声，而后喻。"学生既然来了字条，老师当然要坦诚地给予回复：

看到你的字条，我才发现你真的长大了，一是要学习了，二是有自尊心了,老师非常高兴。这次是老师错了,现向你赔礼道歉。

关于说明方法、修辞手法、论证方法等易混说法的区别与联系,老师已在课堂上讲过多遍,这次你还是把说明方法当成了论证方法。老师要连上两节课,中途想休息一下,况且,这个问题下一节课是非讲不可的,所以就偷了一下懒;而上课点了你的名,是想引起你的高度重视,不能再开小差了。没想到你接受不了,不过,不要紧,只要你真想学好语文,老师不但不会讨厌你,只会耐心地等待你的转变。

后来,该生在作文中写道:

看着中考倒计时,我心中一阵紧张。一道闪电劈过,接着一声惊雷,仿佛是老天爷在发泄心中的不满,又像是我的心在呐喊,要与闪电并肩作战,用尽全部的力量,唤醒那些与我同样不敢面对学习的压力,把自己掩藏起来、整天沉睡的人。

该生这样说了,也是这样做了,在之后的学习中进步很大。

由此可见,现在的独生子女真有点"只许自己放火,不许老师点灯"的"霸气",感情很是脆弱,硬折不得,强攻不能,只有以诚相待,动之以情,才能有效融化他们心头的坚冰,才能从心理上收服他们,达到点亮他们心灯的目的。

2014 年 5 月 28 日

◎ 曲径通幽，柳暗花明 ◎

马同学是从某重点初中转学过来的。进班后，他多次未做语文作业，我反复耐心教育却没有效果，便与家长联系，请求配合教育。第二天，我按学校要求，提前5分钟进班，准备坐在凳子上与学生交流。一个学生突然拉着我，"等一下坐，您先把这张纸垫上去吧！"我一看，凳子上全是胶水，不用说，肯定是马同学的报复性的恶作剧。为了不影响上课的情绪，我努力压制住心头的怒火。

经了解，这个学生因为不写作业，经常和老师顶撞，是被本地一个最著名的初中"逐出山门"的"钉子生"。正如张同学在《撕书风波》一文中所说："由于受到过分的宠爱，他的性格有些叛逆，而且经常会给老师难堪，并因此获得了'金刚'的绰号。"又如陶同学在《进退两难》一文中所说，真是"领导难、父母难、师生难"。

该生曾因没有写英语作业，与英语老师发生矛盾。该生说："你讲你的课，我爱听就听，不爱听就睡觉！"接着，该生将英语作业本撕成几段，扔进了垃圾桶。

我清楚地认识到，对这样的学生，硬的肯定行不通。如果方法不当，不但应该捉的鱼捉不到，还会弄得自己一身腥。后来，我让几个与他谈得来的学生以该生为话题写了四篇作文《胶水事件》《进退两难》《撕书风波》《他终于脱胎换骨了》，目的是统一学生的认识，推动该生转变。这些学生果真将这个信息迅速转告了该生，效果果然不错，后来该生写来一首无名小诗：

看着我肩上的那只手，
我想到了你的温柔，
你曾经催人奋进的话语，
我不是不想把它们挽留，
那些要求实在让人昏头，
于是便从左耳朵进，右耳朵走，
在我的心间不再存有。
面对我曾经的无知，
我只能把悔恨留，
其实我也知道您的感受。
只不过不在口头而在心头，
如今的我已不再是原来的那只毛猴，
希望你能原谅我，
那可爱的丁老头！

我将这首小诗在班上诵读后，引起了学生的共鸣，赢得了长时间热烈的掌声。学生既羡慕该生的文学才华，也欣赏老师的教育方法，从此，师生关系更加和谐。

由此可见，对学生要求太高，作业太多，其结果只能是适得其反。语文学习面广量大，收效相对较慢。作为语文老师，更要有一颗慈母般的爱心，才能架起师生间学好语文的通天之桥。

这令我又想起了当年读师范时班主任陈汝同老师写给我的临别赠言："文章气须宏，立志当称雄。更有慈母意，循循育童蒙。"

2014年2月25日

◎ 照片风波 ◎

　　2010年1月18日(星期一)中午自习时间,我走进静悄悄的初二(1)班教室,看到同学们正在投入紧张的语文期末复习迎考中——默背、默写、翻译文言文《晏子使楚》。作为语文老师,我心中涌动着一种欣喜之情,同时一种强烈的责任感油然而生。于是,我走到同学们当中,查看学生复习中存在的问题,并给予具体指导。

　　当我走到最后一排董同学面前时,心中不禁一怔:这个学生并不是在复习,而是在一边津津有味地欣赏着一张女生的一寸彩照,一边聚精会神地拿着一支铅笔在涂绘这个女生的头像。

　　刚才的欣喜之情顿时消失得无影无踪,取而代之的是满腔的愤怒:"方同学,你的照片为什么会到男生手里来了?你看,这么一张漂亮的照片,被画得一塌糊涂。"

　　风平浪静的教室顿时掀起了轩然大波。同学们有的忍俊不禁,有的窃窃私语。方同学潸然泪下,委屈地说:"老师,我不知道这件事,照片是下课时彭某某从我文具盒里拿走的。"这时,我已意识到,自己的处理方法欠妥,立即改变了语气:"不知者,不为过。这不怪你,先复习吧,下课再说。"

　　听到下课铃声后,我分别向三个当事同学了解详情。原来,调皮的矮个子黑皮肤的彭同学,看到方同学的个子比自己高,皮肤比自己白,人气比自己旺,心生嫉妒,就拿来她的文具盒,从中取出照片,将文具盒"完璧归赵",然后取出一支圆珠笔,写上了侮辱的话语,并画出老虎的胡须,还在脑门上写上了一个"王"字。正在这时,董同学走了过来,看到这张照片,产生了兴趣:"给我替她画一张像吧!"这个男生如获至宝,立即行动起来了,谁知被我逮个正着。

我关切地对方同学说:"以后,别人拿了你的东西后,要查一查,有没有少了什么东西,虽说害人之心不可有,但防人之心也不可无啊!"她使劲地点了点头。

我又对彭同学说:"你这玩笑也开得太大了,已经侵犯了他人的肖像权,也是对同学尊严的玷污,以后谁还愿意与你友好相处呢?"彭同学涨红着脸说:"老师,我知道错了。"说完,向方同学道歉去了。这场由照片引起的风波,就这样很快被平息了。

由此可见,班主任要时刻关注学生的一言一行,一举一动,一笑一颦,只有这样才能防患于未然,将学生的矛盾消灭在萌芽状态之中,才能有效防止校园欺凌事件的发生。

2010 年 1 月 20 日

◎ 千里马、常马与骡子 ◎

学生（尤其是男生）最怕学文言文,因为学习文言文要求学生在充分理解的基础上,加强记忆比较,才能收到举一反三、融会贯通的效果。而规范了办学行为后,学生要统一时间进校,统一时间出门,对学生作业拖拉的现象,老师几乎黔驴技穷,束手无策,只能充耳不闻,视而不见,听之任之。

老师不可能无休止地天天盯住某些学生,催促背诵,只能另辟蹊径。本人在教《马说》一文时,采用了就课文设喻,开展理解记忆比赛的方法,收到了良好效果。

唐代大文学家韩愈在《马说》一文中将杰出的人才比作"千里马",将才能平庸的人比作"常马"。民间还有一句俗语:"是骡子是马,拉出去遛遛。"何不就近设喻?

主意已定,课文讲解结束后,我告诉大家:明天早读课,按要求默写,班上三十三个学生,前十名完成任务者,命名为《马说》理解、背诵、默写"千里马",中间十名为"常马",二十名以后的为"骡子"。你究竟是骡子,还是马?是千里马,还是常马?咱们明天早读后拉出来遛遛好吗?学生举出右手食指与中指,形成"V"字形,齐声说:"YES."

第二天早读课一开始,教室里虽然静得只能听见笔走游龙的沙沙声,但我能感觉到学生投入紧张战斗所弥漫的硝烟味。二十五分钟的早读课结束了,十名"千里马"涌现出来了。我再仔细一看,一共十一名,怎么办?为了保护学生的积极性,我顺水推舟:"全班三十三人,正好千里马占三分之一。"其他学生虽没能按时完成默写任务,但他们只勉强同意将自己填写在"常马"一栏,不愿将自己与"骡子"相提并论。

这说明,每个学生都有强烈的自尊心,都有力争上游的主观意愿,而同时又都有贪玩懒学的一面。而老师在教学上多动一动脑筋,明明白白地将要求提前告诉学生,让学生有一个充分准备的过程。因为机遇总是青睐于那些有准备的人,适时开展一些学习竞赛,就可以点亮学生主动学习的心灯,增加学生学习的动力。

2013 年 9 月 20 日

"扬州市三好生"赵同学(左)、郁同学(右)风采

◎ 留守儿童 ◎

2010年，我们班上有一个留守儿童的典型代表任同学，他的父母在上海工作，在他身上有着聪明孩子的灵气，思维敏捷，一点就通，一学就会，成绩良好。但是，他也有着调皮孩子的淘气，学习不够踏实，上课自由散漫，随意插嘴，有时还顶撞老师。说话不顾别人感受，做事不负责任。班主任也认为，这是一个烫手的山芋。

好在他对远在上海工作的父亲还有一点畏惧感，教育后也有暂时的效果。但俗话说得好："江山易改，本性难移。"好景不会很长，他就会旧病复发。有一次检查文言文掌握情况，早读课要下了，班主任已来到班上，准备上小晨会了。他将作业纸交了上来，我一看，惊讶地说："你的字能够写好一点吗？"他一听，立即将作业纸揉作一团，嘴里叽叽咕咕，流露出一脸的不满情绪，好像在说："不要拉倒。"然后扬长而去。

我是看在眼里，气在心头。班主任也很恼火："丁老师，这件事我来处理。"她立即打电话，请他在上海的父亲务必在当天下午赶到学校。

一个下午，他经过父亲的配合教育，写了一千余字的深刻检查。第二天正好是星期五，有班会课。我想杀鸡骇猴，便产生了一个大胆的想法，在征得班主任同意后实施了。

班会课由我主持，首先由该同学做公开检讨，然后由家长对该生提希望，最后再由班主任作总结发言。我还让学生在课后，以"一堂别开生面的班会课"为题写作文。由于做足了文章，这堂班会课收到了良好的效果，这个孩子好长一段时间比较安分守己。

当然，教育并不是一蹴而就的，经常会有一些小的反复，老师不可太介意。如期末考试前，进行默写过关训练。为了培养学生良好的自学习惯，我让学生自己先批改，并将写错的订正五遍；然后交上来让老师批改，老师改出来的要订正十遍。但任同学没有认真批改就交上来了，我查出四个错别字，让他订正，他随口说了一句："早知道这样，我就不拿来让你改了。"我因此也产生了不满，但为了不影响他的考试情绪，我还是温和地说了一句："考试结果出来，你就知道好歹了。"后来他也按照要求订正了。

考试结果出来了，他默写全对，且语文考了他历史上的最高分——127分，作文也是他历史上的最高分——49分。他看到分数后，虽然没有说一句感谢老师的话，但看得出来，他非常高兴。我说："还不能骄傲，你的作文还要加油，因为班上作文最高分是55分。"他这一次可是十分谦虚又心悦诚服地点了点头。

随着留守儿童的日益增多，我们教育工作者的任务是越来越繁重，越来越艰巨，但只要肯多动一点脑筋，多花一点时间，多费一点心血，还是会有成就感的。

2010年11月19日

◎ 宽容学生就是善待自己 ◎

我曾在施桥中学工作 17 年,遇到过一件被学生骂的尴尬事,幸亏当时进行了冷处理,才挽救了这个学生。

我们学校南侧两公里处,有一所重点中学,有两个初中毕业生没有考上理想的学校,来到我所教的班级重读初三。一个是张同学,还有一个是韦同学。有一次,我周末最后一节课未能及时下课,而是把剩下的一点内容讲完了才放学。

我骑着自行车跟在一群男生后面,刚走出校门不远,就听见韦同学骂了我一句,我当时脸上火辣辣的,但考虑到影响和安全问题,我假装充耳不闻,放慢速度,骑着车从这个学生旁边蹿了过去。

走在路上,我一直愤愤不平,越想越生气:好心都被这帮学生当作驴肝肺了,真是吃力不讨好。但又想想,跟这些不懂事的孩子怄什么气?值得吗?

出乎意料的是,周一,韦同学一下课,就鼓足勇气,红着脸来找我诚恳地承认了自己的错误:"丁老师,那一天,我错了,不该骂您,请您原谅。"听他这么一说,我的心倒软了下来,不但没有批评他,反而说:"你骂我一定有骂的理由,能不能把理由说给我听听?"

他低下头说:"那一天,我有点不舒服,就没有吃中饭,本想放学早一点回家,想不到您又拖课,我肚子饿得咕咕叫了。"

我关切地说:"你以后再遇到这个情况,可以先跟老师说一下。要么先买点东西充饥,要么先请假回家吃饭,可不能饿肚子噢。"

他那颗悬着的心终于放下了:"老师,决不会再有下次了。""好,老师相信你。"

说完,他并没有马上离开,而是欲言又止。我疑惑不解地问:"还有什么事吗?"

他担心地说:"老师,我还不是团员,这会影响我入团吗?"说完后,抬起头,等待着我的答复。

我这才恍然大悟,原来,这才是他最担心的事儿。因为我当时不仅是班主任,还是团委书记。我当机立断,给他吃了一颗定心丸:"你已经承认错误了,只要以后尊敬老师,就不会影响你入团。"这时,他才露出了微笑:"谢谢老师。"然后深深地鞠了一躬,一溜烟跑了。

后来他不但如愿以偿地光荣加入了中国共产主义青年团,戴上了闪闪发光的团徽,还以优异的成绩考取了师范学校,现在当了一个小学的校长。他后来听说我的一本专著正式出版了,还亲自来拿了一些书发给他们学校的语文老师们阅读。

由此可见,当班主任要允许学生犯错误。这并不是说,可以听之任之,甚至纵容学生犯错误,而是要在批评教育以后引导学生走出黑暗,走向光明,要用发展的眼光看待每一个学生,因为宽容学生就是善待自己。

1998年11月26日

◎ 自省融入作文，矫正扭曲心理 ◎

苏联共产党和国家领导人之一、无产阶级教育家加里宁对教育下了精确的定义："教育是对于受教育者心理上所施行的一种确定的、有目的的和有系统的感化作用，以便在受教育者的身心上，养成教育者所希望的品质。"日常工作中有这样一种现象：班主任常要学生写检查，语文老师常让学生写作文，尤其强调要写出富有个性特征的真切的心理活动，但往往收效甚微。我认为，将这二者有机地结合起来，变写检查为写作文，用语言文字产生的魅力感染学生，用语言文字塑造的形象感动学生，用语言文字蕴含的思想感召学生，有利于学生主动矫正不健康心理。

《论语·里仁》里说："见贤思齐焉，见不贤而内自省也。"意思是说，看见贤人便要向他学习；看见不贤的人，就应该自我反省（看自己是否有同样的毛病）。我国战国时代杰出的唯物主义哲学家、教育家荀子在《劝学》中说："君子博学而日参省乎己，则知明而行无过矣。"意思是，君子广泛地学习而且每天检查自己，就能智慧明达，行为没有过错了。这些警句告诉我们，经常解剖自己可以使自己不断完善。鲁迅先生说过："我的确时时解剖别人，然而更多的是无情面地解剖自己。"我们从《一件小事》等作品中可以看出鲁迅先生的思想倾向。如果语文老师能引导学生运用解剖式构思写作，不但有利于"正确认识自我"、"表达真情实感"，还有利于学生主动矫正许多不健康的心理。

初中生正处于人生的十字路口，对社会上的一系列现象已经有所接触外显的不健康心理很多，诸如我行我素的任性，不负责任的谎言，好吃懒做的自由,逃避现实的自杀,等等。关于如何加强青少年的思想教育工作,教育工作者已经做了许多有益的探索,积累了宝贵的经验,我这里要说的是,借助写作对学生加以心理疏导,能够收到较为明显的效果,这也体现了"文以载道"这一原则。语文课程标准要求我们"重视情感、态度、价值观的正确导向",特级教师霍懋征也曾经谈到,"语文教学是塑造人的教育,文字中自有育人功能,是文道结合的内在表现"。可见文道结合是语文教学的优良传统。如果语文老师能配合班主任将要求学生写检查变成学生主动写作,有利于学生主动矫正许多不健康的心理。让我们首先分析一下造成学生这些心理的原因。

家长的溺爱

我国南北朝著名的思想家和教育家颜之推在《颜氏家训》中指出:"人生小幼,精神专利;长成以后,思虑散逸;故须早教,勿失机也。"而现在的学生大多为独生子女,家长是衔在嘴里怕化了,放在外面怕晒了。孩子小的时候家长百依百顺,到了初中就无法管教孩子了。有一个家长说得非常好:"从幼儿园到现在,只要孩子一哭,我们大人就不敢再说她了。孩子如此任性,我们有不可推卸的责任。"

学习的压力

学习任务的加重,也是造成学生心理疾病的重要原因之一。一个学生在作文中写道:"我现在上初三了,面临中考的巨大压力,我的脾气越来越暴躁了,容不得别人说我两句……"还有一个学生写道:"虽然每次在考前都会临时抱佛脚,苦读一番,可当试卷发下来时,看着考题,我们总会抓耳挠腮,暗骂出题老师。"另一个学生更直接:"我恨死啦——苦心研读,埋首于书阵之中!讨厌的几何,可恶的物理,看到所有理科书,我不是讨厌,就是憎恶。在那种烦人的情况下,听起课来,真是字字血泪,苦不堪言。心中的无名业火腾腾升起,真想一把火烧了那些令人讨厌、憎恶的东西。"这些都是学生心理的真实记录,充分说明学习压力的不断增大是影响学生心理健康的又一重要因素。

环境的影响

有些学生的心理受到某些社会环境的影响,如不健康的书刊和音像制品,再加上网吧和游戏机室,学生总觉得这些要比学习文化有趣得多。有这样一个学生,小学迷恋网吧游戏,曾因偷窃被师长教育,到了初中,老师多次家访、协同家庭教育,效果仍不是很明显,他把吃饭的钱省下来玩,作业不完成,上课不听讲,老师一旦发火,他就要带人打老师。

既然家长的溺爱、学习的压力、环境的影响都会造成学生心理不健康,那么学生犯错误就很正常,老师只能面对现实,设法教育,决不能听之任之。那么,如何寻找矫正学生不健康心理的有效途径呢?法国心理学家、教育理论家比纳认为,用"精神整形练习",可以矫正学生许多不良的心理品质,全面发展各种心理能力,我以为,引导学生自我解剖,写成作文,可以让学生有效地主动矫正许多不健康心理。

每个人内心深处既有美的一面,也有丑的一面,真实地解剖自己,敢于亮出自己的"丑",积极寻求避丑的方法,是反省自我、完善自我、超越自我的有效方法之一,把自己的懦弱、狭隘、自私、虚荣,甚至犯罪感写出来,真得勇敢,真得可爱,真得动人,可以在丑的真实中实现美的升华,收到意料之外的效果。这实际上也是一种创新。

写作文是一种艰苦的创作,写出来的文章既要生动形象,又要有独特的心理体验,才能得到别人的认同。把自省融入作文,写的全是亲身经历的事,除了能有效地提高写作水平外,对学生主动矫正不健康的心理也是大有裨益的。

第一,变写检查为写作文,可以使学生反省说谎的恶习。

李同学在《谎言被戳穿以后》一文中写道:

虽然我双眼盯着题目,但心里却想着外面发生的事情,真是"人在曹营心在汉"。算了,我心里想,反正也没有心情写作业,不如出去看看。主意已定,我便想办法让班主任允许我出去。说出去买东西吧,不行,班主任知道我有吃零食的习惯;说出去借东西吧,也不行,写作业不需要借什么东西的……我绞尽脑汁、搜肠刮肚,仍然想不出什么锦囊妙计。唉!真急人。不知谁说了一声"肚子痛",真是"踏破铁鞋无觅处,得来全不费功夫",我一阵窃喜:有了!于是我双手捂着肚子,皱着眉头,装着一副痛苦不堪的样子,走到班主任面前:"丁老师,我肚子痛死了,要去厕所。"班主任居然同意了。于是我便慢悠悠地挪出教室,当走到楼梯拐弯处时,便一路"狂奔",到了校门口,与一帮哥儿们会合。

这就非常生动地写出了设法蒙混过关的心理和急忙离开老师视线的动作。这样的描写就很生动,要比写检查的办法高明得多。这篇作文发表后,学生看到了自己写作的成功,非常高兴,其他方面的进步也很明显,真是一举多得。

第二,变被动检查为主动写作,可以使学生珍惜时间。

杨同学在《对不起,妈妈》一文中写道:

老师布置的作业做好后,我没事干,又不想做母亲留下的作业,便顺手拿过一本小说,津津有味地看起来。突然,母亲走了出来,看见我手里的书,再看看一个字未动的练习册,怒火中烧,眼睛瞪得都快突出来了,手已举到半空中。我闭上眼睛,准备接受这"皮肉之苦"。可过了好半天,也未觉得疼。我双手捂住脸,慢慢地睁开眼,母亲已进了卧室。只听到"唉,唉……"的声声叹息。"砰!"门已关上。

母亲走了,留下的却是一串串疑问。一向性急的她看到我这样,本应暴跳如雷,可今天,她怎么了?也许是我今天的表现太令她失望,也许是我以前向她撒了谎,也许是我得意忘了形……我好自责!母亲渐渐衰老了,身体已没有以前那么硬朗。为了我的学习,她什么都能坚持,我学的那些令人头晕目眩的公式,她也一一记在心里;我做的作业,她也一一认真地给我批改;当遇到令人心烦意乱的计算,她先自己做一遍,然后再跟我一步步不厌其烦地讲解,直到把我讲懂了为止。而我,稍稍有了一点成绩,就骄傲、自满。我应该骄傲吗?我有什么值得骄傲的?要不是母亲,我会考得那么好吗?

想到这里,我的心里像打翻了五味瓶,真不是滋味,鼻子一酸,泪水直在眼眶里打转。我轻轻地推开房门,内疚地对母亲说:"妈,对不起,是我错了。"

可见,学生在写作文时是多么主动积极啊,这样做,岂不比学生写几句应付差事式的检查效果要好得多,何愁学生不珍惜时间、勤奋学习呢?

第三,变针对犯错为防患未然,可锦上添花。

就对象来说,写检查是针对有错误的学生的,而写作文是针对全体学生的,不但对有错的学生有很好的帮助和教育作用,对好的学生来说,还有一个防患于未然的作用。如班上的成绩较好的黄同学写的《自责》就是从学习不够认真、做事缺乏恒心、遗忘速度太快这三个方面找出不足的。用这样的解剖式构思作文可以促使同学永不停步,锦上添花。

第四,变针对自己为关爱别人,可使学生消除疑虑。

学生用第一人称写作,可以写自己,也可以写别人,如一学生在《心里有鬼》一文中写道:

第二天,我胆怯地打开门一看,原来是我家的小狗丹丹在用脚踢门。我虚惊一场,但想起昨天的事,还是不禁浑身发抖。于是,我决定再来一次秘密活动,把笔记本还给王某。当本子物归原主后,我才知道,其实世间并没有鬼,"鬼"在自己的心中。

这段描写就很有代表性,写出了有偷窃行为的学生的真切的心理活动。因为中学生中有偷窃行为的不止一人,文章写出来有教育别人的作用。学生一旦消除了疑虑,放开了手脚,就会迸发出绚丽的思想火花,教育效果会更好。

第五,变消极抵抗为积极配合,可以体现人文关怀。

郑同学在《考试之后》一文中写道:

以前,上课时,我总是自以为是,不听老师讲课,偷干自己的事情,课后,又不及时复习,总是浪费许多宝贵的时间。现在,我的内心有点难受,看着进步的同学得到老师一声声的夸奖,心中更不是滋味。我不想说十分后悔,也不想乞求老师的原谅。我只想拥有一个"戴罪立功"的机会,老师,可以吗?让我再努力一下好吗?我虽然不怎么聪明,但是勤能补拙,我虽然在写作上小有才气,但离开了老师,我就是一株无法茁壮成长、即将枯萎的幼苗。

这样用写作的方式与老师交流感情,吐露心声,体现老师对学生的人文关怀,学生怎么会有抵触心理呢?

事实证明,将学生的心理健康教育有机渗透到作文教学中,指导学生运用解剖式构思写作,不但可以让学生写出真切而有个性的心理活动,增强文章的真实感,还可以使学生将空洞干瘪的叙述语言变成生动具体的描写性语言。对于这些闪耀着心灵火花的创新作文,老师完全可以帮助学生推荐发表,以提高学生的写作兴趣,帮助学生在积极的写作状态中主动矫正一些不健康心理,做到文道统一,我们何乐而不为呢?

2013 年 9 月 18 日

◎ 为孩子的每一点优势而欢呼 ◎

在施桥中学,我曾经有一个学生卞同学,虽然他理科成绩不算太好,从总分来看,只能算是一个中等偏上的学生,但是,他有明显的特长——语文成绩良好,日记也写得有声有色,而且特别爱好画画。我让他把自己画的画全部带来给我看看,他很爽快地答应了。第二天,他高高兴兴地带来了一大沓画。我展开来一一欣赏,发现他画的小动物,栩栩如生,惟妙惟肖;画的山水画,让人心旷神怡;画的人物画,全都神情毕现。

我的直觉提醒自己,这个孩子应该按特长培养,更符合因材施教的原则。我想为他办一次画展,全面展示他的画作,让全校同学向他学习。我把形成的书面计划递到校长室,立即得到了对绘画情有独钟的杨正祥校长的赞成。后来,我就动用了一个空教室,分类展示了卞同学的画作,并利用业余时间有计划地组织学生参观。他的画引起了全校师生的高度赞赏,大家一致认为,该生有一定的绘画天赋,可以在这方面重点培养。该生也很受感动,觉得自己获得了初步的成功,应该再接再厉。

后来,该生虽然没有机会进一步深造,但这次展览为他今后的道路指明了方向。

2015年11月15日,一个绰号"画家"的艺术家的作品在浙江大学华家池校区展出,他这次展出的书法和绘画作品已经全部被人收藏。这个"画家"就是卞同学。

他是这样跟别人介绍我这个老师的:"上初中时,给我印象最深的是教语文的丁文宏老师,他叫我先练习颜体,打好字的'筋'的基础。"后来他还练习了柳体,架起了字的"骨"架,再后来练了魏碑,还有幸遇到了"北启功南沙"的沙孟海老师,得到了指点。著名书法家俞德明给他题过字"谦受益"。他铭记所有恩师的教诲,低调研习,取得了骄人的成绩,真是"有志者事竟成"。

他在工作阶段,还保持着写日记的好习惯。他逢人便说:"写日记这个习惯的养成可以追溯到初中,还是我的语文老师丁文宏,要求学生写日记,把每天发生的琐事用字记录下来,日积月累,我发现腹中有词了,文章出色了,下笔有神了。"还记得那本印着杭州六和塔图案的绿色日记本,翻开第一页是《望月》,那是他下了晚自习,走在乡间的田埂上,月亮伴着他步行回家,他想到李白的"对影三人"的境界而写成的。我在他的日记上打上了鲜红的五角星。那本日记本中有很多的五角星,每篇有五角星的日记,我都在课上亲自范读,这对学生来说是何等的荣耀,何等的鼓舞啊!

好学生是奖励出来的!正是这种荣耀让他喜欢上了文学、喜欢上了诗歌。这种荣耀吸引他把课余时间用在了离他家很远的扬州图书馆里看书。

现在他已经成了所在单位的党总支书记,自己成功举办多次画展,均受到参观展览者的一致好评。

由此可见,因材施教,培养特长生,实施赏识教育,为孩子的每一点优势而欢呼,是培养有用人才的有效途径。

2002 年 9 月 18 日

班主任老师丁文宏与学生在扬州万花园景区合影,师生脸上的笑容犹如一朵朵灿烂的鲜花

◎ 不能轻易将犯错误的孩子赶回家 ◎

在我42年的教育教学生涯中,最刻骨铭心的是一次孩子犯错误,我让其父带回家反思,而造成孩子离家出走的事。

那是20世纪90年代初期的一个9月,我教初二语文,兼班主任。有一个已进入青春期的蒋姓的男生,长得很帅,同学都称他为"小帅哥"。也正因为如此,他开始分心,无论是上课,还是下课,总是喜欢玩弄前面一个女孩子的头发。我多次找他谈话,善意地提醒他专心学习。他表面上答应改正错误,但一离开老师,依然我行我素。有一天中午自习,蒋同学居然趁前面一个女孩子站起来的机会,将她坐的小方凳轻轻移走,自己将脚伸到前面,女孩子坐下后,一屁股坐到他的脚上。他哈哈大笑,也引得其他同学哄堂大笑,而前面的那个女孩子却跌得很疼。因为他已经危害到其他女生的安全,所以我在忍无可忍的情况下叫来了他的父亲,让其父亲将他带回家教育,深刻反省,并写出深刻检查,向受害女生赔礼道歉,保证不再犯类似的错误。

孩子的父亲将孩子带出校门,让孩子自己回家反思。该生回家一看,家中抽屉有钱,就拿了几百元钱离家出走了,临走前还不忘给父母留了一张字条,大意如下:爸爸妈妈,我犯下了不可饶恕的错误,已无脸再待在家里,只好出去打工了。你们不要找我,到时候,我会和你们联系的。

家长一看,吓得魂飞魄散,急忙举家在外寻找,却一无所获。

时间如白驹过隙,眼看就要元旦了。12月底的一天,我突然收到一封从新疆乌鲁木齐寄来的信。我一看信封便知,是几个月前那个离家出走的蒋姓同学寄来的,是要我这个老师转交给他的父母的。我立即和其父亲取得联系,并将此信亲手交到孩子的父亲手上。孩子的父亲拿到信后,虽然略微宽心,但仅凭"乌鲁木齐"四个字如何才能找到将近4个月未曾谋面的儿子呢?经济条件尚可见子心切的家长组织了几个身强力壮的男子汉,乘飞机来到了乌鲁木齐,但找了几天,最后仍是两手空空,无功而返。

直到要放寒假了,这个孩子才高高兴兴地回来了。孩子没有先回家,而是先来到学校找我,详细汇报了几个月的生活情况。

原来,他从家里拿了钱就准备去南京打工。到了南京,就遇到一个扬州老乡要到新疆乌鲁木齐建筑工地承包工程。正好人手不够,就把这个孩子带出去学漆工去了。眼看所有工人都回乡过春节,他理所当然地跟大伙一起踏上了返乡的路。

打工回乡的他虽然又高又壮,也是有惊无险,但留给我们诸多的思考。

(1) 孩子屡教不改,老师可以请家长协助教育,但不要心急,因为心急吃不得热豆腐。如果当时先由老师心平气和地进行教育,放学时,再请家长到校来,让家长与孩子一同回家教育,就可以避免孩子离家出走,就可以省得家长那么多麻烦,也可以避免老师有那么多担心。

(2) 孩子遇到的这个人是老乡,如果孩子万一遇到坏人,遭遇不测怎么办?

(3) 家长也要担负起自己应有的教育责任来,因为"养不教,父之过"嘛。

2016年12月6日

◎ 学生渴望夸奖 ◎

有一个学期,广陵区组织语文调研考试,作文题是"瞬间",我在分析试卷时,表扬了一个进步较大的男生,并提议全班同学把掌声送给他。

这件事在班上产生强烈的反响。成绩较差的焦同学在重写的作文中写道:"老师对学生的要求很高,要想得到他的夸奖是很不容易的。这次调研考试,肖同学考了80分(满分100分),老师当着全班的面夸赞他学习好,字漂亮。我想,考个好成绩,又受到夸赞,还有奖励,真是太好了,这使我充满了对学习进步的渴望。"由此可见,夸奖对学生来说是莫大的鼓舞。我在批阅作文时写道:"只要努力,一定会有的。"

几年后的今天,成绩一直落后的邵同学也同样渴望老师的夸奖。她的语文成绩有进步了,老师表扬了,她就非常高兴,学习就努力了。有一次她化学进步了,任课老师未能及时发现而表扬。她就在适当的时候,用适当的方式表达出来,我知道后立即给予表扬,以调动她的积极性。因为她是单亲孩子,比较敏感,一旦有了一点进步,就渴望老师的发现,如果老师视而不见,她就有可能逐渐丧失学习的信心,甚至可能认为老师偏心,只喜欢好学生。

由此可见,每一个孩子都渴望得到别人的赞赏,因此,作为一名老师,一定要从各个不同的侧面发现学生的每一点进步,如有的学生虽然成绩不算好,但做事很负责任;有的学生关心集体不够,但学习非常用功;有的学生跟同学关系不太好,但非常尊敬老师。如果一名老师不善于发现学生的长处而表扬,专门找学生的短处去批评,工作将会越做越烦,越做越难。反之,如果老师能善于发现学生的闪光点,并不断地放大,将会让这些闪光点扩展到其他的方面,这就是"多栽花,少插刺"的好处。当然对学生的明显错误,老师也要适时地指出来,但最好是背后个别交流,多做善意的提醒。学生是会明白老师的良苦用心的。久而久之,这些学生就会不断地完善自己。

2012年10月22日

班级同学展示区优秀班级和校文明班级证书

◎ 校有"才女"初长成 ◎
——记"江苏省三好学生"赵同学

赵同学,女,初三(4)班的班长,汤汪中学有名的才女。

在今年的中考中,她以695分的优异成绩被扬州中学顺利录取。

赵同学,温文尔雅,勤奋好学,在写作方面素养颇佳。在学习上,她注重学以致用,勇于创新和实践。步入初中学习生活,她在语文方面成绩一直突出,在初一时就曾连续获得汤汪中学作文大赛一等奖、广陵区作文大赛一等奖,又曾以一篇《我站在祖国地图前》荣获校朗诵大赛第一名,因而名噪一时。初二时她以一篇《美好的心灵》获首届扬州市"肯德基"杯作文大赛一等奖,再一次展现了她的写作才气。两年间,她利用课余时间锻炼自己的笔头,先后在《扬州晚报》《作文评点报》等报刊上发表了二十余篇作文。

赵同学从小酷爱书法,硬笔、软笔,正楷,都有涉足。她刻苦磨炼,书法水平迅速提高。从小学到初中,她多次参加各类书法比赛,夺得了不少奖项,虽然练习书法,占用了她许多玩耍和娱乐的时间,但她却在书法中赢得了感悟,陶冶了情操,磨炼了意志。

赵同学在各方面发展均衡,素质全面,各科成绩都有不凡的表现。她坚持口语课外学习近三年,口语十分流利。在2004年扬州市中学生英语口语大赛中荣获中学组二等奖;在2005年全国中学生英语能力竞赛中,她捧回了初三组一等奖的奖杯。她数学成绩优异,在初二时,获得江苏省奥数竞赛初二组一等奖;初三上学期,又获得初三组一等奖。

赵同学是全年级第一批光荣加入共青团的同学之一,她热爱集体,活跃敏行。从小学一年级起,她一直担任班长和体育委员,小学四至六年级连续六个学期被评为"三好学生",六年级时还担任了少先队大队长。进入初中,她凭借果敢实在、以身作则的优秀品质,成为同学拥护、老师信赖的好班长。她工作积极,经常主持班干部会议,开展班级活动。老师不在的时候,她会用自己独特的方式去管理和带领班上的同学。

赵同学因为被评为省三好学生,并以695分的高分被扬州中学录取,而再度成为学校赫赫有名的人物。她的事迹将鼓舞着学校的后来人,也必将鼓舞着她自己向前进……

2005年6月28日

班长赵同学(左)与语文科代表张同学(右)合影

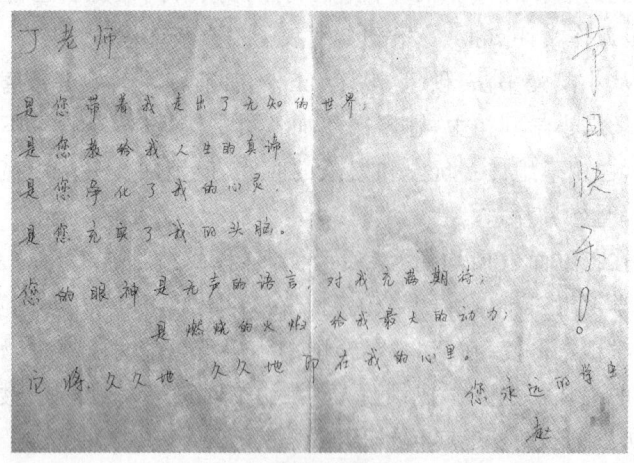

赵同学的祝福信

◎ 留下一则赠言　洒下一片真情 ◎

　　距离中考还有半个多月,学生一填好报考志愿,就感到在一起的日子屈指可数了,马上买来《毕业纪念册》,利用课间时间,争分夺秒,撰写临别赠言。我想,语文课程标准不是要我们以学生为主体嘛,既然发现学生有强烈的写作需求,有思想碰撞的火花迸出了,老师何不因势利导顺水推舟呢?"生活即语文",这对提高学生的写作水平可是有百利而无一害哟。写临别赠言也是语文教学的内容之一,语文老师绝不能将它拒之门外啊!

　　6月1日,上午第二节课,我来到教室,果然发现很多同学在忙着写赠言,一看见我走进教室,就赶忙往抽屉里收。我笑笑说:"不用怕,这一节课就让大家写临别赠言。"有一个同学竟然轻声地说了一句:"今天太阳好像从西边出来了。"学生一边写,我一边看,发现有学生不会写,有的学生写得不够得体,很多学生的赠言写得让人啼笑皆非。

适时导写,提出明确要求

1. 惜时如金的自勉

　　毕业纪念册首页,主人可选用朱自清的《匆匆》的话来提醒自己:"燕子去了,有再来的时候;杨柳枯了,有再青的时候;桃花谢了,有再开的时候。但是,聪明的,你告诉我,我们的日子为什么一去不复返呢?"朱自清在这里善意地提醒我们大家,"一寸光阴一寸金,寸金难买寸光阴",时不我待,要只争朝夕,努力学习才行。

点评:主人惜时如金的自勉,对所有看到这本毕业纪念册的人都是最好的提醒。

2. 依依不舍的友情

例一:短暂的别离是为了永久的相聚,让我们共同期盼那份永恒的喜悦。虽然我已不在你的身边,但是我的祝福却时时回荡在你的耳畔。

例二:一座友谊之桥,架着我与你;一条友谊之链,连着我与你;一艘友谊之船,载着我与你。愿我们的友谊之树长青,友谊之花长艳。

例三:请把我的歌带回你的家,请把你的微笑留下。以前快乐的日子,我将深藏,以后漫长的日子里,愿你多保重!

点评:这些临别赠言,言简意赅,难舍难分之情溢于言表,真可谓是"一片冰心在玉壶"啊。

3. 热情真诚的鼓励

例一:上帝创造每一个人都有他的用意,即使你没有十分帅气的外表,十分优秀的文化成绩,但你有一颗火热的心,一股奋发的劲,一腔男儿的热血,一种乐观向上的情怀。真心祝福你,人生旅途,一帆风顺。

例二:你的声音很真,你的笑容很深,你的样子很帅,你的身影很酷。可我还是要说,你在学习上还要加油。

点评:这些富有个性的赠言,既有真诚的评价,又有热情的鼓励。对同学的健康成长,不断进步,无疑有着积极的影响,还能给母校师生留下许多美好的回忆。

4. 积极向上的情怀

例一:积极向上,努力拼搏,成功将最终属于你。

例二:一千多个日子的相处,让我们互相了解,尽管吵过闹过,但此刻回忆起来的竟都是我们互相鼓励,携手同进的情景,天空吸引你展翅飞翔,海洋召唤你扬帆启航,高山激励你奋勇攀登……出发吧,愿你前程无量。

点评:从这些赠言中,我触摸到了当代初中生的一种积极向上的情怀,一股汹涌澎湃的热血,以及无法抑制的自信。

组织比赛,及时交流点评

讲清要求后,我郑重地宣布:"书写临别赠言比赛现在开始,看谁的临别赠言写得情深意长,有激励作用,有文学色彩。20分钟后交流。"下面是本届学生选出交流的一些临别赠言。

例一:一个人总要走陌生的路,看陌生的景,听陌生的歌。然后在某个不经意的瞬间,你会发现,朋友一直都在你的身边,做你的坚强后盾,记住,不管前面是什么,你都要勇敢地走下去,一直到达目的地。

点评:这一赠言富有哲理,富有深情,充满自信。运用排比和比喻的修辞手法,使赠言形象生动,富有文学色彩。

例二:年轻的你拒绝忧伤,喜欢青春的漂亮脸庞,喜欢青春的个性张扬。单纯却不孤单,失望但不绝望,总会为梦想而激动,为得意而欢笑,也会为偶尔的挫折尽情地哭,哭过笑过才是我们真实的能够照见自己影子的青春。

点评:这一赠言真实地再现了同学友好相处时的喜怒哀乐,这是当代少年特有的情怀。"单纯与孤单""失望与绝望"等词的准确运用,体现了作者深厚的文字功底。

例三:花开的季节,我们有缘在汤中相识,两年中,我们一起分享过快乐,一起承受过痛苦。又是在这花开的季节,我们将要彼此分离,各奔前程,依依不舍在所难免。愿你能够顽强地撑起属于自己的一片蓝天。

点评:"有福同享,有难同当。"这才是真正的知己。这一赠言共同回顾两年生活的情景,依依不舍之情跃然纸上,良好的祝愿体现了真诚而深厚的友情。

例四:曲终人散。这里的生活就如同我人生的一段插曲,简短而动听,而你就是其中的一个音符,在整首歌中,你或许很平凡,但若没有了你,它将不再动听,不再完整。

点评:这一赠言以比喻的修辞手法见长,字里行间透露出人生旅途上的深刻哲理,流露出好友不可或缺的依恋之情。

例五:感谢命运,因为命运让你从我的生命中路过,留下一段美丽的风景。我会永远记住你这个如莲花般纯洁的大妹子。绿茶抿一口很苦涩,但香味无比浓郁。苦和香是相对的,就像纯洁、甜蜜、新鲜的生活里装着辛勤、劳苦和汗水一样。

点评:这一赠言富有诗情画意,富有浓厚的思辨色彩,让人回味无穷。

例六:请你相信自己,勇敢一点往前走。一出门,就会有无处不在的美好气息;一伸手,就可以拥抱无比绚丽的彩虹;一眨眼,就可以感受辉煌灿烂的阳光。大千世界,芸芸众生,不是谁与谁的脚印都有幸叠合;时空经纬交织,命运扑朔迷离,不是谁与谁的双手都有幸相握。我们相遇后,在纯洁透明的心湖荡起真情的涟漪,在辽阔的蔚蓝的心空诞生彩虹般的记忆。愿你在今后的学习征途中,找准自己的位置,遵循自己的轨迹,把握前进的方向,直到走向光明,走向辉煌。

点评:回首往事,情感激荡。对偶、排比句的运用使赠言充满了清新的文学气息,渗透出诱人的诗情画意,语言优美,气势豪迈;祝福语充满了对同学的无比信赖,充满了鼓舞人心的力量。

这些临别赠言对学生写作水平的提高有很大帮助,因为,临别前学生说出的全是肺腑之言,有利于学生写出浓郁的真情实感,有利于学生充分展示自己的文学才华,真是一举多得。

这时下课铃声已响,我以为这节课很成功,到此可以画上圆满的句号,可以鸣锣收兵了。但是事情并没有就此结束。就在这时,出人意料的事发生了。一个个学生拿着一张张空白的临别赠言纸向我走来,请我这个语文老师给他们写赠言。原来,他们也想语文老师给他们留下美好的回忆啊!我一开始觉得很为难,因为有两个班,学生实在太多了。

但是,就在一瞬间,我"眉头一皱",就"计上心来",可能是急中生智吧。我笑着说:"可以,都放在我这儿,一定都给大家写好。但是我有一个要求,刚才上课第一轮竞赛,是同学间互写赠言较量。下面应该是第二轮竞赛,是师生之间写赠言大PK。大家说,好不好?"同学们看到这么多同学共同"对付"一个老师,异口同声地说:"好!"我知道,这是他们的最后一个请求得到满足后的无比兴奋之情的充分流露。

双向互动,师生赠言大PK

我认为,老师为学生写赠言,这不是一种负担,而是一种自我展示的好机会,也是最后一次拉近师生关系的极好方法。这对于同学们最后认真学好语文意义重大,应该把它当成一种享受才对呀!

老师为学生写赠言,要尽可能文采斐然,起到示范作用;要写出每个学生的独特个性,对学生的赞扬要恰到好处,让学生产生一种自豪感;要值得学生反复咀嚼品味,对学生有鼓舞和促进作用,让学生终身受益;要加重师生间依依惜别之情,让学生产生佩服之心,崇敬之感。根据学生的要求,我率先朗读了自己写给学生的临别赠言。

写给语文科代表周同学:

你貌美性和,深得老师的喜爱和同学的羡慕。你是我的得力助手,能处处以身作则,虽受到过不少委屈,产生过一些烦恼,但在工作上,你能够一如既往,一丝不苟。学习上虽不是处处如意,但能尽心尽力,精益求精,最终跻身先进行列,为自己考上高中奠定了坚实的基础,可喜可贺。愿你在今后的学习生涯中乐观大方,自信顽强,让内在的气质和外在的美貌相互辉映,相得益彰。相信你一定会前程似锦,前途无量。

写给家境困难的刘同学:

你像高山上的一棵青松,在恶劣的环境中顽强生长,让人敬佩;你像大海上的一艘航船,在无边的风浪中拼搏前行,让人赞叹。愿你在新的学习征途中披荆斩棘不停步,锲而不舍勇攀登。

写给语文进步的吴同学:

心口如一勤为天,锐意进取赛先贤。以身作则当班长,身先士卒品学兼。同学羡慕老师夸,家中长辈如蜜甜。独领风骚字有骨,文笔细腻灵感显。发表获奖两不误,为校争光笑开颜。而今迈步从头越,何惧前路多艰险?坦然面对拦路虎,顽强拼搏意志坚。天生我材必有用,争为祖国多贡献!

写给书法、写作爱好者丁同学:

三百年前是一家,书法优美人人夸。性格憨厚懂礼貌,诗词文章传佳话。目标远大志宏伟,不达目的誓不垮。青出于蓝胜于蓝,回到母校把话拉。

这些赠言,赢得了同学们的一阵阵经久不息的掌声。

学生也是有备而来,知道要给语文老师写赠言,而且写得好的,很有可能被老师永久收藏,传给学弟学妹们,所以表现得异常兴奋,又非常认真。为表达对老师的感激之情,课余时间,他们在查阅资料的基础上,先打好草稿,再反复修改,最后才认真抄写。这时,同学们也不示弱,纷纷表达了自己的心声,展示了自己的文学才华。下面选两则与读者共享。

感谢语文老师(吴同学)：

初来汤中不觉妙,以为此处名气小。但闻先生才气高,尤其写作有绝招。
以前作文凑字数,一谈描写锐气消。踏入先生师门后,参加社团乐逍遥。
采访七中童校长,见识增长真不少。农场择菜再种桃,实践动手又动脑。
精心选材有血肉,文章获奖又发表。临别涕零思绪多,不忘先生好教导。

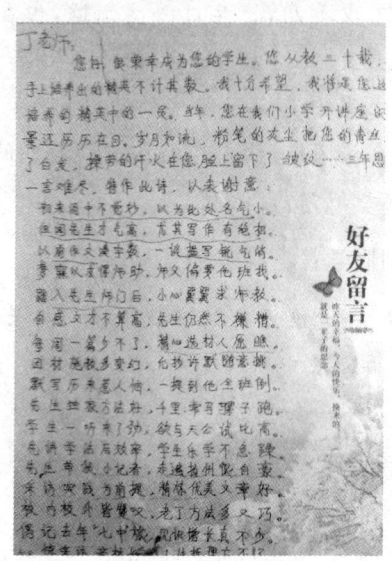

赠丁老师(丁同学)：

初识您,只觉得您极其普通寻常。

了解您,才知道您虽满腹经纶,但不爱张扬。

初一,您热情洋溢的朗读声深深将我吸引,使我对您的课堂无比向往。

初二,有幸与您结为师生,听您口若悬河,妙语飞扬。

您的书法有模有样,不但刚劲有力,而且秀丽端庄。

您的奉献精神深入人心,被全校师生所一致赞赏。

是您,为我插上写作的翅膀,带领我们在浩瀚的写作空间尽情翱翔。

是您,用您的亲身经历劝告我要奋斗未来,为我指明了人生前进的方向。

是您的热切引导,使我们远离不良诱惑,健康、快乐地成长。

我曾后悔与您顶撞,可您总不计前嫌,对我报以热切的希望。

时光荏苒,虽然我们即将告别三年的初中时光,但与您的这份师生情我终生不会淡忘。

您和蔼的唠叨会时常在我心灵上空回荡,感谢老师对我两年来一丝不苟的培养。

请丁老师放心,我一定会斗志昂扬,奋发向上,决不辜负您的期望。

愿丁老师永远年轻,永远健康,为教书育人事业谱写新的篇章。

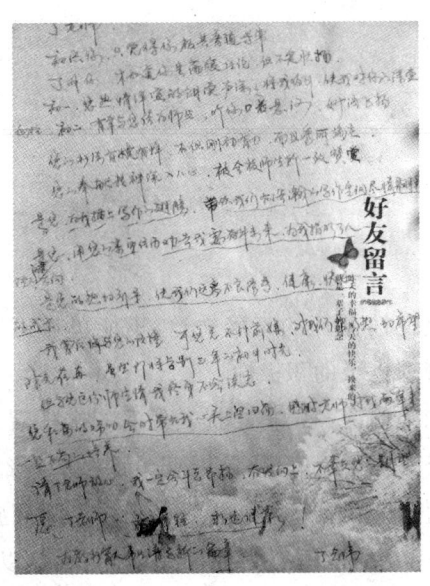

学生写给老师的这些临别赠言,写出了自己成长的脚印,写出了对老师的感激之情,真是难能可贵。通过这样的训练,学生学会了说真话,抒真情,这对即将参加中考的学生来说是非常有益的。

由此可见,师生互写赠言不但锻炼了文笔,留下了真情的回忆,而且得到学生的高度评价,让师生都享受到了成功的快乐,我们何乐而不为呢。

2011年6月20日

◎ 提供优质服务　保证同舟共济 ◎
——班主任要善于调动任课老师管理班级的积极性

一个班级要走上良性循环的正确轨道,不能单靠班主任孤军奋战,还要善于调动任课老师管理班级的积极性。

一要解决任课老师的课务调整之忧。任何一个任课老师,都有可能有一点急需处理的其他公务或个人家事,临时调整课务的事经常发生。班主任要想任课老师所想,急任课老师所急。主动为任课老师调整好课务,是班主任首先应该做好的事。必要时,也可为任课老师先顶着,以后再根据任课老师的需要调整。这样做,任课老师也会处处为班主任着想,主动配合班主任做好班级管理工作,绝不会袖手旁观,不闻不问,即使班主任不在家,任课老师也会愿意主动做好临时班主任工作。

二要解决好任课老师的资料准备工作。现在统一所配的各种教辅资料,往往不能适应各种层次学生的需要,而市场上的资料又杂,怎么办?这就要班主任做好细致的工作,了解、调查各方需求,综合意见,反馈给各方。这样的贴心服务,不仅任课老师满意,家长也非常放心。

三要主动征求任课老师对班级管理的意见。班级学生的位置编排,助奖学金的合理分配,班级干部的适时调整,优秀学生的表彰奖励,共青团员的考察发展,问题学生的惩罚处理,等等,都要事先征求任课老师的意见。另外,任课老师课堂上出现的偶发事件,只要相关任课老师有需求,班主任都要积极配合,及时协助教育,包括及时进行家访或电话访问,不厌其烦地争取家长的配合教育,将相关的不良苗头消灭在萌芽状态,因为"千里之堤,溃于蚁穴","小洞不补,大洞吃苦"。

　　总之,班主任只有从方方面面,全心全意地为所有任课老师提供优质服务,才能真正把任课老师紧紧团结在自己的周围,才能全面调动任课老师管理班级的积极性,拧成一股绳,心往一处想,劲往一处使,同舟共济,把每一个学生成人成才的心灯点亮。

2016 年 12 月 15 日

◎ 踏踏实实做大写的人,兢兢业业干平凡的事 ◎
——读《走进教育家苏霍姆林斯基》有感

最近读了《走进教育家苏霍姆林斯基》这本书,深有感触,我觉得,要"踏踏实实做大写的人,兢兢业业干平凡的事"。

自豪感,让我把读书当成生命的支柱

多数老师和领导都喜欢听语文课。有不少老师向我询问如何教子女作文,也有不少老师向我咨询如何写论文,每当此时,我就会产生一种自豪感。这种自豪感让我把读书当成生命的支柱。苏霍姆林斯基说过:"读书,读书,再读书——教师的教育素养的这个方面正是取决于此。要把读书当作第一精神需要,当作饥饿者的食物。要有读书的兴趣,要喜欢博览群书,要能在书本面前坐下来,深入地思考。"

2008年11月22日,是朱自清先生诞生110周年纪念日,文坛大家会聚扬州话"背影",江苏省作协党组副书记、副主席,中国作协全委会委员,苏州市文联主席,《苏州杂志》主编范小青说,文学是一盏灯,对于每个人都是一样的,投射出各自温暖的光圈。朱自清中学时期相当好学。朱家有很多古籍,每天,朱自清就躲到皮市街旧宅后进一座不住人的小楼闭门苦读;何园里也有读书楼;吴道台宅第的测海楼就是读书楼。当天下午央视《百家讲坛》主讲人、季羡林大师关门弟子、复旦大家钱文忠来扬州聊"大师们的读书生活",钱教授认为,读书应该成为生命的支柱。学生读书应该如此,老师读书更应该如此。正如苏霍姆林斯基所说:"因为教师的知识越多,他的学生掌握基础知识就越容易,他在学生和家长中的威信和信誉就越高,孩子们就越把他当作知识之源而被他吸引。"

责任感,让我把教研当成提升的途径

苏霍姆林斯基要求我们:"对自己负责、对自己的良心负责以及约束自己的良心是建立在对社会负责的基础上的。"2001年至2004年,我与语文组同仁进行了汤汪中学第一个市级课题"探究学生心理、激发写作激情",经过三年的艰苦而卓有成效的摸索,我主编了能体现科研成果的作文指导教学参考书《成功作文心理探究——新课标理念下的初中作文指导经验及成功范例》。同年,该课题顺利结题,并获得了市优秀课题二等奖。2007年,本人作为为数不多的初中语文老师被特邀参加中考作文阅卷,边阅卷边记录,每天晚上一到家就忙于写阅卷感想;三天后,我把自己的感受带到阅卷现场,请专家们"斧正",受到大家的肯定。此文分别在《扬州晚报》和《语文报·中考版》发表。我还应王海燕编辑的邀请,分别主编了《语文报·中考版》2007年11—12月合订本《满分作文深度解密》"第二单元 半命题作文"和2008年11—12月合订本《满分作文深度解密》"第一单元 全命题作文",受到全国师生的欢迎,后来由陕西师范大学出版社以《全国满分作文密码解读》为书名出版。我在省级以上刊物发表过数十篇论文。经过多年的亦教亦研、上下求索,我的学术专著《开辟绿色写作通道》终于问世,有30多所中小学为语文老师配了该书,至今还有不少省内外老师向我索书。2008年在镇江江南中学参加的"全国著名中学教师'同文异教'——语文课堂:从效率走向文化"研讨班还未结束,我就写好了论文《语文课堂:细节处理决定成败》,雷厉风行的速度令与会者惊讶不已。写作已经成为我生活的一部分。中国有句古话:"人去留名,雁去留声。"苏霍姆林斯基有句名言:"人生下来,并不是为了像无人问津的尘埃那样无影无踪地消失。人生下来是为了在自己身后留下痕迹——永远的痕迹。"可以这样说:"写作成功,乐在其中"。我曾在汤汪小学为全体教师开过一场题为"享受教育教学成功的快乐"的讲座,主要观点是:① 苦尽才能甘来,乐在收获成果;② 难得才懂珍惜,乐在名校聘用;③ 厚积才能薄发,乐在笨鸟先飞;④ 研究才有困惑,乐在豁然开朗;⑤ 敢试才有希望,乐在上课辅导;⑥ 投资才有回报,乐在左右逢源;⑦ 巧变才有转机,乐在以生为友;⑧ 弄斧才有机遇,乐在一帆风顺;

⑨ 交流才有外援,乐在遇见名师;⑩ 吃苦才有享受,乐在受人关注。

成就感,让我把表扬变成批评的武器

先讲一个魏征寓批评于表扬中的故事。

有一年,唐太宗儿子蜀王的老丈人犯了法,有关部门把他扣押了,进行审问。他的儿子是唐太宗的贴身侍卫,向皇帝告了黑状,说我爹犯了一点小错误就给扣押了,就是因为他是皇帝的亲戚,大臣找他的茬。这一说,皇帝就生气了。魏征讲了一番话,上来第一句话就说,自古以来,皇亲国戚好为难治,治理天下最头疼的就是皇亲国戚。但是自古以来,只有我们的皇帝能解决这些问题,陛下一定能够明白其中的道理。魏征提意见的方式是寓批评于表扬之中,效果当然很好。

由于现在升学竞争日趋激烈和家长望子成龙、望女成凤心切,学生的生活往往是学校至家庭,家庭至学校,两点一线,有的家长,扫帚倒下来都不让孩子扶,生怕浪费孩子学习的时间。学生过着"饭来张口,衣来伸手"的养尊处优的公子(公主)的生活,写作当然"巧媳妇难为无米之炊",怎能有新鲜的素材呢?

"问渠哪得清如许,为有源头活水来",这个源头活水,除了指读书外,更重要的是指丰富多彩的生活实践,如学校根据新课标要求搞的综合实践活动,扬州晚报社搞的跟着课本去旅游夏令营活动等,就是为了丰富同学们的课外生活,让学生"融宇宙之万有"。记得 2005 年扬州中考有一篇佳作《让的技巧》,如果考生没有漂流的实践,靠闭门造车,要想写出如此描写生动、感悟深刻的佳作简直是痴人说梦。

写作文是一种艰苦的创作,写出来的东西要有独特的心理体验,体现耀眼的创新智慧,才能得到别人的认同。同学们的心理活动丰富多彩,但很多同学常常觉得无话可写,即使写出来,也往往显得比较简单、幼稚,而且缺少鲜明的个性。怎样才能激发出创新智慧呢?语文老师要选择适当时机,耐心细致地引导学生运用各种修辞手法对心理活动进行充分的描写,只有这样才能让学生具体、丰富、生动、曲折地写好自己真切的心理活动,让写作成为学生表达在生活中体验到的酸甜苦辣和喜怒哀乐的有效手段。这样的创新作文才具有独特的魅力,才能够引起读者的强烈共鸣。

汤汪中学周建鹏书记前不久在国旗下讲话中提到学生写日记的问题。

很多特级教师都有写日记的要求,但实际操作起来却比较难,但初一是可以考虑的。2008年考取北大的赵同学,初中时写了第100篇日记后,我在日记本上给她写了一封鼓励信,在班上读了以后,对全班触动很大,后来又上了电视,从此同学们写日记就自觉多了。在教师节到来之际,赵同学又寄来贺卡:"引万道清泉,浇祖国花朵;倾一腔热血,铸人类灵魂。"这是学子对老师的浓郁师生之情的生动诠释。

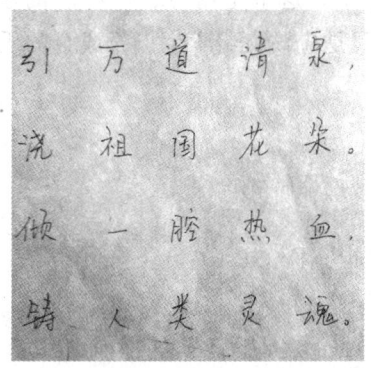

赵同学贺卡

苏霍姆林斯基说:"别让任何一次心灵震荡不知不觉地从您身旁掠过,要成为学生雪中送炭的帮助者,心灵创伤的医治者。"他给我们教育工作者指明了正确的方向。

法国哲学家、教育家阿兰在《教育漫话》中,借苏格拉底的话指出,无论多么杰出的父母都不善于教育自己的子女,因为父母对自己的孩子期望甚高,又好感情用事,因此,容易产生矛盾。有矛盾,就有丰富的心理活动。有个学生在一次练笔中写道:"电视,是学生的最爱;成绩,是家长最关心的。为此,我经常与父母打'游击战',他们外出,我就聚精会神看电视,他们一回来,我就老老实实写作业。"我在与学生交流中因势利导:"你始终担心偷看电视会被父母发现,能不能用反复的修辞手法写出自己提心吊胆的心理过程,变平铺直叙为曲折生动的描写呢?"后来学生将心理活动写得一波三折,非常生动。

读《走进教育家苏霍姆林斯基》一书后,我认为,只有踏踏实实做大写的人,兢兢业业干平凡的事,才能无愧于人民教师这一光荣称号。中国有句古话叫"授人以鱼不如授人以渔",说的是传授给人既有知识,不如传授给人学习知识的方法。道理其实很简单,鱼是目的,钓鱼是手段,一条鱼能解一时之饥，却不能解长久之饥，如果想永远有鱼吃，那就要学会钓鱼的方法。我曾看过一个故事叫《点石成金的手指头》，吕洞宾给人以金块，可是受金者不要金子，却要吕仙人点石成金的手指头。乍一看，吕洞宾给人金块，一般人不但应该满足，而且可能是感激涕零了。而这个受金者却"得寸进尺"，不要金子，却要吕仙人点石成金的手指头，真是出人意料，"好人做不得"。但再仔细一想，这又在情理之中，因为金子用完就没有了，而只要有这点石成金的手指头在，就会永远有用不完的金子。这里是用"点石成金"的手指头比喻获取金子的方法，而我们在教学中就是应该交给学生点石成金的手指头。

2008年10月21日

◎ 爱，让教室的奇迹随时发生 ◎
——读《第56号教室的奇迹》有感

认真阅读了雷夫老师的《第56号教室的奇迹》以后，我总觉得全书的字里行间处处渗透出雷夫老师二十多年的教育经验与教育智慧，是雷夫老师对学生充满了爱意，才让第56号教室的奇迹随时发生的。

一个小小的教室，竟然像磁铁一样地吸引每一位学生，致使学生愿意提早两个小时上学，而又延迟放学时间；即使毕业了，也不忘每周回到这个教室看一看。这其中究竟有着怎样巨大的魔力？一个最普通、最基层的老师，竟然获得了总统颁发的"国家艺术奖章"，感动了整个美国社会，这又是一个怎样的会施魔法的老师？我静静地坐在那儿阅读，不时被书里的某个细节所感动：做教师就应做一个像雷夫这样有追求的教师，让教室的奇迹随时发生！

《第56号教室的奇迹》是一本让人热血沸腾的书，阅读这本书，引起我心灵震撼：雷夫老师是一个敢讲真话、富有智慧、充满爱心的老师。在《第56号教室的奇迹》一书封面的醒目处写着"让孩子变成爱学习的天使"，这几个字简明扼要地概括了雷夫老师的教育理想，折射出了雷夫老师教育追求。这就是他"另辟蹊径"才获得的"柳暗花明"的良好效果。

雷夫老师对受教育者充满了无私的爱

书中有很多小细节表现了一位教育工作者对教育事业的专注与热爱。对于很多教师来说，教书是一件出力不讨好的事，但是对于雷夫来说，教书是一件让人觉得幸福的事。因为雷夫老师的教室和我们的教室是不一样的：一间教室能给孩子们带来什么,取决于教室桌椅之外的空白处流动着什么。他的那间教室的容量很大,可以无限伸展,不仅可以带给学生无穷的知识,还可以带给学生无限的乐趣。相同面积的教室,我们教室却显得很小,让人感到局促和狭隘,总觉得学生有些不顺眼,他们的语言有些不顺耳。那究竟是什么在决定教室的尺度呢?当然是我们教师。教师的精神面貌,决定了教室的内容;教师的胸怀气度,决定了教室的容量。也许一个教师几十年如一日地从事教学并不鲜见,也许一个教师为了工作而做出牺牲也实属正常,但是如果一个教师能够几十年如一日地专注于教学,并且将这种专注视为是正确前进方向的指引的话,那么这位教师已经将单纯的教师职业上升到了精神层面,并且将这种精神转变为了自己的信仰。从本质上来看,这是因为教师对学生充满了爱心,才会真正把自己的学生放在心上。雷夫就是这样一位教师,一位可敬的教师楷模!

雷夫老师的教室充满了"家庭温暖"

第56号教室之所以特别,不是因为它拥有了什么,而是因为雷夫老师在这间教室里用信任取代恐惧,做孩子可以信赖的依靠,讲求纪律公平,并且成为孩子的榜样。雷夫将此内容作为开篇,可见消除恐惧对学生是多么的重要。但这恰恰也是几乎所有教师都存在的问题。教师"要能镇得住学生",绝不能依靠学生对教师的恐惧,而是要懂得学生的心理,遵循教育规律,运用教育的智慧,通过给学生父母般的关爱赢得学生的信任和崇拜。雷夫正是以他对教育无法比拟的热情,将不足40平方米的教室无限延伸,使得这里成了学生们自由舒展、健康成长的乐园。书中有这样一个故事:一天,在化学实验上,一个小女孩因为找不到灯芯而苦恼,眼里含着泪水。为了不让她掉队,雷夫老师决定停下来帮助她。由于灯芯太小,所以雷夫的头靠酒精灯很近,又由于工作太专注,所以连头发烧着了都没有发觉……如果我们都能如此全身心地投入,那么我们也能获得巨大的成功!

雷夫老师的课堂是学生学习的天堂

雷夫教室的不可思议,确实使我看到了教育事业蕴含着的无限潜能。我们常说,语文源于生活,其实,教育也源于生活。因为对孩子的爱,才会不自觉地要对孩子进行终身有益的教育,才能让课堂真正成为孩子学习的天堂。

教育工作的目的,就是"一切为了孩子,为了一切孩子,为了孩子一切"。只有爱自己选择的职业,才会使自己的人生过得快乐而阳光;只有我们教育者充满了爱,才能"让孩子变成爱学习的天使"!在本书中,雷夫老师的一切努力都是为着让这些天使变得爱学习、会学习。雷夫老师为什么能做得这么好,能让自己的教育教学行为产生最生动的、最大化的、最被大家所认同的效益?关键是,爱能让教室的奇迹随时发生。教师的教育教学水平有高低,但是教师对学生的爱心不能有高低。没有爱,便没有成功的教育。作为一名教师,要把爱洒向每个学生。教师心里时刻装着学生,学生心里才会有你这个教师。学生的发展是不平衡的。尤其是对于那些发展慢的学生,我们只有投入全身心的爱,才有可能唤起他们奋发向上的勇气、信心与激情,才能冰释他们心底积淀的自卑,让课堂成为他们学习的天堂,才能使他们奔向健康发展的人生之路。

雷夫老师具有"一日三省吾身"的精神

书中第一章告诉我们,信任对于一位教师来说是多么的重要,而我们往往是在不经意中丢失了与学生之间的那份信任。例如:我们对学生说好了今天早读课要背书默写,结果却做了其他的事,让有准备的学生失去了展示成绩的机会;我们答应学生表现好就给予奖励,结果由于种种原因而取消。用雷夫的一句话来说:"破裂的信任是无法修补的,除此之外其他的事情都可以补救。"这一章里雷夫向我们展示了一个教育案例:一个年轻教师班里出现了一位邋遢的孩子,书包整天都是乱糟糟、脏兮兮的。为了让他改掉这个毛病,年轻教师当着全班学生的面把这位学生的书包抖搂出来,并拿出相机拍照,扬言要在家长返校日公开,还说:"谁那里有垃圾,就丢到这位同学的桌子上,反正他那里已经是垃圾桶了。"结果家长十分的气愤,告到了校长室。最可悲的是当事教师还没有认识到自己的错误,反而认为自己做得对。他自豪地说:"现在这个孩子已经知道整理好自己的书包了。"雷夫先生认为:"不要把害怕当成教育的捷径。"是啊,学生如果当面怕你,背后可能就会骂你。如果孩子们的学习和生活没有效率,没有快乐,怎么能够主动地学习和生活呢?另外,害怕也不能够使教师和学生之间建立起信任。

读到这里,我觉得教师要站在学生的角度思考问题,培养学生成人永远比培养学生成才更重要。

2015 年 9 月 23 日

◎ 孔子的教育方法新用 ◎
—— 读《孔子做人做事智慧全集》有感

今年,我抽时间读完了《孔子做人做事智慧全集》(萧龙编著),觉得受益匪浅,孔子不愧教育界的鼻祖,有很多教育的方法对我们今天的教育教学颇有启迪。

观物悟道

鲁定公四年(公元前506年)秋天的一个下午,孔子带着弟子和儿子孔鲤去太庙观察青铜器的三种状态——空时歪斜、盛水适量时直正、盛满水时翻底,并由此得出"谦受益,满招损"的道理。我受到启迪,带学生观察学校进门大道旁的两排香樟树。这两排树是在同一时间栽植的。我问学生:"同时栽下去的树,树苗、空气、土壤、管理都是一样的,为什么路北的一排树,绝大多数长势旺盛,个头高,主干粗壮,枝叶茂盛,而路南的一排树就生长不良呢?"学生把目光聚焦到路北树旁的下水道,揭开了秘密:"这里后天的水分充足,土质肥沃。""这告诉我们什么道理呢?"学生深思熟虑后,给出了答案:"环境造就人。孟母三迁的故事说的就是这个道理,'近朱者赤,近墨者黑'说的也是这个道理。我们选择什么样的朋友对我们的成长影响很大。"

我又追问:"北面一排的树中,为什么有一棵树长得和南面的一样瘦小呢?"学生马上回答:"近朱者未必都能赤,关键还要看自身能不能消化吸收,也就是要看自身素质如何,主观上是否努力。"

见物思过

在太庙中,有位弟子指着窗户上的断棂问:"老师,这是木匠的过失呢,还是另有用意?"孔子看了看,说:"建筑太庙,选派的都是能工巧匠,选用的都是上好的材料,工程竭尽巧妙,绝不会出现腐断的现象,这必然另有用意,可能是昭示后人不要间断修缮的意思吧!"孔子接着说:"做人之道有三要:一是知耻,二是知鄙,三是知危……"这就告诉我们:只有树立远大理想,一步一个脚印前行,才能走近目标;人要不断反思自己的错误,在克服缺点、改正错误中健康成长。有一次学校组织学生到瘦西湖春游,我带部分小记者观察盆景。我问学生:"盆景为什么会长得这么漂亮?"聪明的学生马上回答:"因为园丁们将它们绑上了铁丝,让它们按照人的意愿成长。"我又问:"这给我们什么样的启迪呢?"学生你一言,我一语,最后才明白:"捆绑盆景的铁丝犹如束缚我们的纪律制度一样,我们只有严守纪律制度、法律法规,才能健康成长,才能有真正的自由。"

观鸟悟道

鲁昭公二十四年(公元前518年)春夏之交的一天,孔子带着弟子南宫敬叔外出考察。马车来到一座山下,孔子在车上看到几人忙着张网捕鸟,施礼后好奇地问:"老伯,你们为何只捕幼鸟而不捕大鸟呢?"老汉说:"小鸟见食便自投罗网,故易捕;大鸟见食旁有网就躲,所以捕不着。"孔子问弟子:"你悟出了什么道理?"南宫敬叔说:"小鸟贪食上了当,大鸟机警得保全。"孔子纠正说:"贪者遭祸,不贪是福;人无远虑,必有近忧。"

日常生活中,小鸟刚学飞,就被母鸟赶出了鸟巢。这是为什么呢?难道是鸟妈妈不爱它们的孩子吗?不是,这也是一种爱,而且是一种最好的爱,是为了能让小鸟早日学会飞翔,独立生活,最终飞向属于自己的一片蓝天。而我们今天的孩子之所以不懂事,很多是祖辈父辈溺爱所致。

孔子能把自己所有的活动都与教育教学联系起来,由此可见,"生活即教育啊"!我们也应该将生活作为我们的教育教学课堂。

2016年10月6日

◎ 忠于职守、乐于奉献的赞歌 ◎
——评冯四良创作的《关角山哨所小唱》

原歌词再现:

关角山哨所小唱(冯四良)

巍巍关角山,漫漫隧道长,小小哨所寒来暑往。
抬头仰望那雄鹰在翱翔,脚下是一条天路向远方。
青春拥抱着寂寞,热血温暖了荒凉。
我紧紧握住手中的枪,听那汽笛一声长响。

这是一首写给高原哨兵的赞歌,是冯四良随中国武警部队野战文化小分队深入高原哨所,慰问武警部队关角山隧道的守护官兵后,写下的一首催人泪下的颂歌。

开头三句:"巍巍关角山,漫漫隧道长,小小哨所寒来暑往。"具体写出了关角山隧道的特定地理环境,她屹立在巍巍关角山上,这里是高原气候,空气稀薄,战士们刚来这里,常常因为缺氧而难以适应。但铮铮铁骨就是在这种恶劣的环境气候中锻炼出来的。

战士们为了人民的幸福安宁,舍小家,保大家,坚守在那人迹罕至的"荒凉"哨所,无怨无悔地奉献自己最宝贵的青春年华。无论山有多高,路有多长,无论风雪有多大,也难以阻挡哨兵战士前进的步伐,骄阳有多火热也奈何不了战士们保卫人民财产的坚强决心。他们在那里日复一日,年复一年地守卫,哪管有多少个"寒来暑往"。

四、五两句:"抬头仰望那雄鹰在翱翔,脚下是一条天路向远方。"写出了战士们崇高的理想。他们要像那展翅翱翔在广阔蓝天的雄鹰一样,在疾风暴雨中锻炼成钢,这是对保尔精神最好的诠释。正如鲁迅在《故乡》一文的最后所言:"希望是本无所谓有,无所谓无的。这正如地上的路,其实地上本没有路,走的人多了,也变成了路。"中国所走的强军之路,强国之路是全体中国人民共同走出来的。这也包括关角山哨所的全体战士们。他们的脚下正有一条通向远方的路,他们要和全国人民一道,让强大的祖国的正能量通过这条高原最长的隧道传遍世界。

六、七两句:"青春拥抱着寂寞,热血温暖了荒凉。"写的是哨所战士的实际行动,写出了战士们的心声,充分显示出他们远离家乡和亲人,虽然深感"寂寞"但无怨无悔。"三九严寒何所惧,一片丹心向阳开。"因此,他们用青春把寂寞的隧道变得生机勃勃,用满腔热血把荒凉的关角山变得温暖如春,让这里充满了朝气和希望。

最后两句:"我紧紧握住手中的枪,听那汽笛一声长响。"战士们像诗歌中所描写的一样,"晓战随金鼓,宵眠抱玉鞍"。正因为有了这些英勇无畏的战士手握钢枪,随时准备歼灭来犯之敌,才使得敌人闻风丧胆,望而却步。火车的"汽笛一声长响",就象征全国人民奔向新的征程,充分显示了中国人民改变国家的强大信心和坚定决心。

唐诗中曾经写道:"羌笛何须怨杨柳,春风不度玉门关。"今天可就大不一样了,有武警总部的文化小分队将党和人民的温暖送到哨所战士们身边,并用这首小唱对战士们无私奉献的崇高精神给予热情赞美和讴歌。我们相信,战士们的崇高精神必将鼓舞全国军民充分发挥自己的聪明才智,团结一心,鼓足干劲,为实现强军梦强国梦努力拼搏,让伟大的祖国像巍巍关角山一样,永远屹立在世界的东方。

综上所述,这首歌是对忠于职守、乐于奉献的高原隧道守卫官兵的赞歌,值得大家久久传唱。

2016年12月21日

◎ 室外飞雪天地冻，室内挥毫暖意融 ◎

2016年1月31日是个非常特殊的日子。当天下午同时有两件事要处理：一是要送我孙女参加首次舞蹈考级；二是要参加一个献爱心活动，因为有个姓陈的小女孩祸不单行，母亲刚去世，父亲又患了白血病。为了及时给小女孩送去温暖，我安排好事情后，冒着漫天大雪参加了由扬州某百货和扬州时报社共同举办的书写春联，交由小乐童义卖活动。

10天之前看到《扬州时报》的"爱心征集令"后，我就报了名。虽然我知道，自己的书法比不上那些书法大家，但毕竟曾经获过奖，卖过春联，能够班门弄斧，也是一次学习的机会；况且我现在又是广陵文联的一员，理应为社会上的献爱心公益活动尽一点绵薄之力。到了现场，我就开始创作春联："三羊摇头摆尾辞旧岁，群猴欢天喜地迎新春。""金猴奋棒披肝沥胆扫阴霾，人民扬帆同舟共济圆好梦。""祖国人寿年丰辞旧岁，华夏山清水秀迎新春。""赠人玫瑰手留余香，舍己牡丹心系暖墙。""心系吉羊生意如秦岭永茂，手捧金猴财源似渭水长流。""夫妻携手靠智慧致富，儿女并肩凭能力闻名。""羊呈吉祥辞旧岁，猴挥金棒迎新春。"——一副副原创春联虽不能说尽善尽美，但能够表达我对扬州时报社组织这次活动的热情支持，对参加活动奉献爱心人士的高度赞美，对广大市民新年到来的良好祝愿。

虽然外面是冰天雪地，大雪纷飞，但活动现场却是温暖如春，爱意浓郁。组织者对活动所需物品进行了充分的准备，让广大书法爱好者到现场就能挥毫泼墨。很多小乐童们也在家长的陪同下，早早来到了活动现场,帮助拿春联,卖春联。由此可见,"一方有难,八方支援"奉献精神已经一代代传递下去。活动现场,还有很多爱心集体和爱心人士现场捐了款,大家只有一个心愿,愿小女孩的父亲能够早日康复,愿小女孩能够茁壮成长。

2016年1月30日

2016年春节前冒着大风雪向孩子捐款、书写春联等献爱心活动后与扬州时报社编辑合影

◎ 教师,我光荣 ◎

孔子是教师的祖师爷,号称弟子三千,七十二贤人,被全世界人民奉为"孔圣人",他的许多语录至今还闪耀着灿烂的光辉。管仲说:"一年之计,莫如树谷;十年之计,莫如树木;终身之计,莫如树人。"唐代韩愈说:"师者,所以传道授业解惑也。"可见教师这一职业确实光荣而伟大,中华民族自古以来就有尊师重教的优良传统。

十年动乱期间,教师被称为"臭老九",可以说处在社会的最底层,但我坚信,这只是暂时现象,教师始终是一个国家不可或缺的职业。

1974年高中毕业的我,毅然决然地走上了民办教师的岗位,当时民办教师的待遇低得可怜,中学每月24元钱,小学每月只有21元钱,中师毕业生每月也只有34.5元。

1976年粉碎"四人帮"以后,国家开始拨乱反正。那一年,我第一次被评为"邗江县教育系统先进工作者",我胸前佩戴大红花,全乡师生代表手持鲜花,敲锣打鼓,载歌载舞,夹道欢送我们代表全乡教师到县里开会,我激动得热泪盈眶,庆幸当时选择了教师这一光荣职业。你看,学生这些五彩缤纷的艳丽花朵是教师这些辛勤的园丁培育的结果;"春蚕到死丝方尽,蜡炬成灰泪始干",这是对教师无私奉献精神的热情赞颂;"教师是人类灵魂的工程师","教师是太阳底下最光辉的职业",都体现出教师是令人羡慕的职业;"桃李满天下"是对教师工作的最好的评价。

然而随着教育事业的蓬勃发展,改革大潮汹涌澎湃,市场经济迅速推进,看到一些行业的高薪,有些教师心理不平衡了,认为"教师是太阳底下最光辉的职业"成了谎言,有的教师开始经商、炒股、炒房、跳槽了。我家属单位也曾以夫妻双方在一个单位可以分房为诱饵,希望我去他们单位搞宣传美工,但深爱教师岗位的我婉言谢绝了他们的好意。

2004年,当我身披"扬州市语文学科带头人"的绶带出现在汶河小学门口,接受家长咨询的时候,我又一次感受到了教师这个职业的神圣、光荣和伟大:多少家长既为自己对孩子的溺爱造成的后果感到束手无策,又怀着一种迫不及待的心情望子成龙、望女成凤啊。我从他们的眼神中得知,他们把这些重任全寄托在了我们这些教师身上。同时,国家又出台了教师法,明确规定,教师的工资不低于当地公务员的工资,虽然由于教育的底子薄,摊子大,一时难以兑现,但毕竟让我们看到了希望。

2008年教师节,学校特地为我打出了大红庆祝横幅:"热烈祝贺我校丁文宏老师被评为'扬州市首批初中语文特级教师!'"《扬州晚报》以"农村中学走出的名师"为题做了专题报道,还配上了图片。我再一次感受到教师的光荣和神圣,任重而道远,虽说"三百六十行,行行出状元",但关键是,需要我们一直在努力。

当我的语文教学成绩位居全县第一并进入市区第一方阵的时候;当我在教学大奖赛上获奖的时候;当我的教科研论文被全国中文核心期刊录用、并被人大复印报刊资料全文转载、在全国产生广泛影响的时候;当我主持的课题在市里获奖的时候;当我的编著论著很快售罄、受到广泛好评并在市社科联获奖、被各大图书馆收藏的时候;当我的文章经常出现在《语文报》上的时候;当我走上市内外大中小学讲台开设讲座,受到一致好评和热情颂扬的时候;当我的网站荣获省一等奖的时候;当我被评为全国课改先进个人的时候;当我荣获"中国名师联盟 希望工程园丁奖"的时候;当我的学生毕业后考取了扬州中学、扬大附中、邗江中学等,后来又考取北大、哈工大、中山大学等,成为各条战线杰出人才的时候;等等,我更感受到教师工作的光荣和神圣,感受到她的无可替代性。

现在,党和国家为我们这些义务教育的公办教师大幅度地上调了工资,实现了诺言。我们广大教师更应该怀着一颗感恩的心,努力学习,勤奋工作,投身课改,上下求索,锐意进取,为培养创造性人才做出我们应有的贡献。

2008年10月1日

◎ 春风化雨育新苗,润物无声结硕果 ◎
——扬州市广陵区师德演讲比赛稿

我是十号选手,我演讲的题目是"春风化雨育新苗,润物无声结硕果"。本人爱生如子,三十八年如一日。

善于引导,春风化雨育新苗

刘同学为了逃避中午自习,谎称肚子疼,企图蒙混过关。我发现后,真想狠狠地惩罚他,以平息愤怒之火。但再一想:这样做有用吗?能起到预期的效果吗?反复权衡后,我决定不批评他,也不要他写检查,而是引导他把自己当时的心理活动详细地写出来。他在《谎言被戳穿以后》一文中写道:

虽然我双眼盯着题目,但心里却想着外面发生的事情,真是"人在曹营心在汉"。算了,我心里想,反正也没有心情写作业,不如出去看看。主意已定,我便想办法让班主任允许我出去。说出去买东西吧,不行,班主任知道我有吃零食的习惯;说出去借东西吧,也不行,写作业不需要借什么东西的……我绞尽脑汁、搜肠刮肚,仍然想不出什么锦囊妙计。唉!真急人。不知谁说了一声"肚子痛",真是"踏破铁鞋无觅处,得来全不费功夫",我一阵窃喜:有了!于是我双手捂着肚子,皱着眉头,装着一副痛苦不堪的样子,走到班主任面前:"丁老师,我肚子痛死了,要去厕所。"班主任居然同意了。于是我便慢悠悠地挪出教室,当走到楼梯拐弯处时,便一路"狂奔",到了校门口,与一帮哥儿们会合。

后来,我把这篇文章推荐给报社,并发表了出来。刘同学怎么也没有想到,自己说谎做了错事,老师却用这种方式帮助自己改正错误。从那以后,他不再说谎,写作文也有了兴趣。

厚待学生,润物无声结硕果

陈同学在社会上混了半年后,交了一帮狐朋狗友,沾染了很多不良习气。到班后,我不厌其烦地帮他补课,动之以情;用他"引狼入室"遭偷窃的事实晓之以理,使他很快走上了健康成长的道路。戚同学一进校,语文考试只有几分,怎么办?后来,我放大他善讲的优点,鼓励他上课多发言,期末考试,他进步明显,我写了一副对联奖给他:"恒心搭起通天路,勤学推开智慧门!"横批是:"扬长避短!"本学期调研考试时,他破天荒地摘掉了语文红灯笼。顿时,全班爆发出雷鸣般的掌声。有人说我"既有妙手回春之术,又有点石成金之功"。其实,我只是凭良心做事而已。

不分彼此,关键时刻伸援手

2010年中考前一天,有一位初三语文老师前来求援:"丁老师,我班有几个学生准备考重点高中,想请您帮他们把作文把一下脉,好吗?"我毫不犹豫地说:"没问题,让他们中午来吧!"我把课全部调到下午,一丝不苟地批阅他们的模考作文,从选材到立意、从结构到语言,和学生进行了一对一的探讨,下午又拖着疲惫的身体去上课。后来,这几个同学都考上了重点高中。一想到能让学生有所收获,能对老师有所启迪,能对教育事业有所贡献,我就感到无比欣慰!

因材施教,甘当红烛照他人

赵同学一进校,我就发现她是不可多得的学习尖子,但她对作文信心不足,我鼓励她坚持写日记。她写得很认真,我也批得很详细。一旦发现选材新颖的,我就立即指导她升格成优秀作文。当她写到第一百篇日记时,我给她写了一封热情洋溢的信。信中既有赞赏式的鼓励,又有心疼般的关爱。她在给我的来信中写道:"每次考试时,总是作文拖我的总分,我也曾上过补习班,可一点效果也没有。因此,我见到作文头就疼。您知道后,想方设法帮我提高作文水平,还把我的作文当范文评讲。当时,我的心情是多么激动啊!要知道,在我的学习生涯中,认为我作文好的,您可是第一位老师呀!"我还经常把她的作文推荐到报刊上发表。她在扬州市首届"肯德基"杯作文大赛上荣获一等奖,我亲自撰写《校有才女初长成》,为她鼓劲加油!后来,她考取了扬中,考上了北大!

  既要有高尚的师德,又要做学者型、研究型的教师,这才是优秀教师永葆青春活力的妙方,才能乐为教育洒热血,甘当红烛照他人。我的演讲完毕,谢谢大家!

2012 年 5 月 15 日

◎ 是螺丝钉，就要发挥它应有的作用 ◎

  为了提升教育质量，构建和谐校园，每个教师都要最大限度地发挥自己应有的作用，因为每个人都是学校这部机器上的一个部件，甚至是一颗螺丝钉。

  由于工作需要，学校安排本人教一个班语文，主抓全校的作文。具体任务是：每月检查一次班级作文园地的更新情况，选择好的作文编发《彩虹作文月报》，每月开一次作文讲座。如果抱着"完成任务就好"的态度工作，这些工作看起来很轻松。但本人处处从实效出发，干得实实在在，津津有味，力求做到像模像样，取得了丰硕的成果，为构建和谐校园做出了应有的贡献。

  首先，检查作文园地就并非一帆风顺。一开始，就出现了作文纸与作文本的矛盾，上墙的作文用作文本不行，需要用专用稿纸，如果先在作文本上写，老师要改，再抄到专用稿纸上，老师还改，工作量就增加了。经过多方协调，最后统一为直接用专用稿纸。

  其次，"作文园地"背景墙当初是用泡沫做的，作文纸粘上去，风一吹就"溜之大吉"了；改成木制的，但用胶带作文纸还是粘不牢，最后给每位语文老师发了一盒图钉，才解决了粘不牢的问题。由于语文老师工作忙，有的跨头教两班语文，还要做班主任，兼教其他课程，所以还需不厌其烦地及时提醒。

  再次，编发《彩虹作文月报》，过去也曾搞过，但由于种种原因，三起三落，没有坚持下来；自从学校领导明确责任后，不但按时编发，而且还会有许多专版，每学期都能超额完成任务。本学期应出 5 期，实际出了 8 期，连暑期的都已经完成了。

在工作中,我们将小记者活动、文学社、作文兴趣班融为一体,因此,《虹彩作文月报》的内容也是丰富多彩的,有学生平时的优秀作文选评,有小记者外出活动的现场佳作选登,还有模拟考试作文精评专版。这些经过精心指导、评改的作文电子版及时发往《扬州日报》《扬州晚报》《全国优秀学生作文选》《作文周刊》《作文评点报》等报刊,录用率都比较高,每学期都有30篇左右的稿件被录用,大大提高了学生的写作积极性和写作水平,也扩大了学校的知名度,因为每发一篇文章,"汤汪中学"四个字就要出现一次。已在报刊发表的文章,我们再拿到作文网站上发表,便于学生查询、汇总,看到点击人数统计,就会产生成就感。

最后,是开讲座。以前开讲座是由自己定题,虽比较顺手,但不一定适合作文教学需要。为了改变这一状况,现改为由语文教研组长或年级备课组长根据实际需要确定讲座内容。这样,虽然大大增加了难度,但对作文教学的针对性提高了,"教学相长",当然也有利于教师自身素质的提高。现在本人写论文的速度和质量在提高,发表的级别也在提高,数量在不断增加,影响也在不断扩大。《网络为作文教学开辟了崭新天地》获市一等奖,《运用排比,以气取胜》《"错过"与"过错"——二模考试佳作精评》都在报纸上以整版的形式出现。《"吃"出精彩才诱人》已被《语文报·中考版》选用,得到了校内、区内,甚至是市内同行的认可。

本人是汤汪中学的一名语文教师,已在2004年被评为"扬州市语文学科带头人",我将更加珍惜这份荣誉,更加努力工作,作为是汤汪中学这部机器的一颗螺丝钉,争取为构建和谐校园、提高教育质量发挥更大的作用。

2004年9月10日

◎ "教不好"与"不会教"之我见 ◎

经常听到这样一句话:"没有教不好的学生,只有不会教的老师。"我对于这句话的理解是,老师应该将教育好每个学生当作自己的神圣职责,这是党和政府交给我们的义不容辞的任务。不过我们教师可以把这句话当作最高的理想境界和努力方向。如果领导层用这句话衡量每个教师的工作,恐怕是失之偏颇的,应该根据具体情况而论。

首先,要确定"好"的标准。"好"既可单指"道德品质",也可单指"文化成绩",也可以是两方面的结合。德才兼备当然最好,但人们都知道,成人比成才更为重要。有的学生虽然成绩差一点,但品行端正,学习认真,努力前行,他就是一个好学生。反之,一个学生仅仅是成绩好,不一定是一个好学生。一些高才生犯罪的事实就充分说明了这一点。

其次,要树立"动态"的观点。无论什么样的学生,只要有向善的苗头和上进的精神,学习在原有的基础上有进步,他就是一个好学生。因为我们不可能要求每个学生都能考取北大、清华。何况要"因材施教"呢,不是说"三百六十行,行行出状元"吗?

第三,要承认"天资"有差别。同样是一个老师,他教的学生有的初中毕业后,考取重点高中,然后考取重点大学,有的其他表现不错,但就是学习成绩差,语文当然也不尽如人意。你能说这个老师就不会教吗?

第四,要重视"家庭"的教育。有的学生天资不算差,反应迅速,但麻袋绣花——底子太差。在家中是"大哥大",家长见了头就疼,成了"儿老子"。长期的贪玩懒学积重难返,上课心猿意马,作业不想做,课文不想背,软硬不吃,刀枪不入。即使勉强写一点,写出来的字也是蚯蚓找妈妈——你认得我,我不认识它。错字满天飞,别字四下里走。因为家教的失败,而把责任归咎于老师是不公平的。

第五,要考虑"社会"的环境。网吧的诱惑,电视的吸引,各种休闲娱乐场所的耳濡目染,新读书无用论的泛滥,都是影响学校教育的直接原因,因此,我们老师除了要在学校做好教书育人的工作外,还要设法抵消社会的不良影响,弥补家庭教育的不足,改变学生不良的学习习惯,帮助学生树立远大的理想。

第六,要关注"政策"的导向。九年制义务教育期间,学生不得开除,不能体罚,不能停课。有些学校从安全角度考虑,还提出,统一放学,不得留学生补作业。虽然说教育不是万能的,但是教师一定要做到问心无愧。

2013 年 9 月 12 日

◎ 认清形势，树立信心，再创辉煌 ◎
——在学校初三动员会上的表态发言稿

各位领导，各位老师，各位同学：

大家下午好！

我发言的题目是：认清形势，树立信心，再创辉煌。

众所周知，初三年级的教学是初中教学的一个重要教学阶段，是"出口"，更是转折点。去年的初三毕业班，在学校的正确领导下，通过全体初三教师的共同努力，取得了骄人的成绩，这对于我们新一届的初三来讲，既是压力，又是动力。如何通过我们初三全体师生的艰苦努力，在明年的中考中取得好成绩，对我们将是严峻的考验。

尽管我们工作面临着很多的困难，如这一届学生本身存在一些知识营养不足、自觉性和灵活性不够、家庭教育不到位、兄弟学校竞争残酷的问题，但我们要争取达到或超过去年初三毕业班的成绩，就需要做好如下工作。

（1）通过艰苦、细致、耐心、高效的服务工作，想方设法调动学生学习的主动性和积极性。通过家长会、家访、电访、信访、QQ 交流等形式，努力使学校教育和家庭教育同步进行，努力让家长、学生、老师，心往一处想，劲往一处使，拧成一股绳，形成一股强劲的合力，向着中考发起总攻。

（2）认真上好每一节课。这是提高学习成绩的最关键的环节，老师上课时要充分调动学生学习的积极性，让同学们在轻松愉快的氛围中学到知识，全面提高学生的素养，增强学生的能力。

（3）帮助学生提高阅读水平。我已经认真做了三套中考卷，准备从中精选一些阅读题，总结答题的规律，举一反三，努力提高学生的阅读水平。

(4) 努力提高学生写作水平。在初一、初二,我们已经完成了初中三年课本上推荐的名著阅读任务。在初三,我们将引导学生读《意林》《读者》《青年文摘》《特别关注》等,拓宽写作思路,提高语言的表现力。我们还将精选全国2016年中考中有代表性的10道作文题,进行严格的升格训练,确保学生作文水平有显著提高。

最后,预祝同学们都能学有进步,学有所成,考进自己理想中的高一级学校!谢谢大家!

2016 年 9 月 2 日

附:

树立信心,争取进步

——学生代表郁同学在初三动员会上的发言稿

各位领导,各位老师,各位同学:

大家下午好!

我发言的题目是:树立信心,争取进步。

时间如白驹过隙,转眼之间,我们已经跨进了初三,这一年,我们将面临中考的挑战,经历人生中第一次人才的选拔,正是物竞天择,适者生存。

虽然我们进校时知识基础薄,行为习惯差,但在老师苦口婆心和循循善诱的教育引导下,无论是为人处事,还是行为习惯,抑或是学习成绩,很多同学都有了长足的进步,已经从贪玩幼稚走向稳健成熟,从一个个中等生,变成了优秀学生,对升入高中有了信心和希望。但是,有些同学由于前两年对学习的重要性认识不足,总以贪玩为乐,更有甚者,对老师的辛勤付出、家长的正确管教,不但不领情、不感恩、不上进,反而逆向行驶,背道而驰,屡教不改,我行我素,造成许多时间上的浪费,情感上的失衡,以致进入初三之后,才产生紧迫感。

不少同学都产生了后悔之意,特别是那些贪玩懒学的学生肠子都悔青了,仿佛梦醒时分刚刚到来,不得不面对残酷的竞争现实,根据上学期的期末考试成绩和自己的能力制定了自己本学期的成绩目标。当然,要实现这些目标,必须做到如下几点。

(1) 变贪玩为惜时。收起所有的玩心,全身心地投入到学习中去,争分夺秒,持之以恒,力争把初一、初二损失的时间补回来。

(2)变被动为主动。上课认真听讲,独立思考,按时完成各科作业,不懂就问,今日事今日毕,坚决不把疑点带回家过夜。

(3)变虚假为诚实。无论是平时默写,还是各种考试,决不弄虚作假。自习课做到老师在与不在一个样,保持教室安静,给大家一个良好的学习氛围。

(4)变急躁为稳健。无论是平时做作业,还是考试,一定要看清题目的意思和要求,准确答题,坚决杜绝因粗心而失分的现象。

(5)变随意为守纪。一言一行,都要严格按照《中学生守则》和《中学生日常行为规范》的要求去做,做到成人成才两不误,德才兼备双丰收。

同学们,最后,让我们四班同学起立,齐唱《强班之歌》:"听吧,冲中考号角吹响,强班目标召唤在前方。班要强,我们就要担当,团旗上写满汗水和荣光。同学们,听师指挥,能得高分,作风优良。不惧强手,敢较量,为学校决胜考场。"

最后,请领导和老师看我们的行动,静候我们期末考试进步的佳音。谢谢大家!

2016 年 9 月 2 日

◎ 附 录 ◎

一份特殊的寒假作业
——给班主任老师写诗歌评语

写作目的

(1) 了解学生对班主任的真实评价。
(2) 让学生懂得珍惜时间、冲刺中考的紧迫性。

写作要求

(1) 中心明确,表达感恩之情,传递真善美的正能量,表达自己珍惜时间、奋力冲刺的主题。
(2) 写格律诗,除平仄外,要达到基本要求;写词,要符合字数要求;现代诗,要有明确的中心。
(3) 完成时间:春节前。

写作过程

(1) 写好后发电子稿给老师。

(2) 老师批改后发回给学生,让学生感受老师批改的妙处。
(3) 学生发手写稿拍照给老师汇总。

收到作业小结

(1) 七绝诗 3 首。
(2) 七律诗 10 首。
(3) 七古藏头诗 1 首。
(4) 词 2 首。
(5) 现代诗 8 首。

学生给老师写的评语诗

1. 丁文宏(网红)(赵同学)

文光宏业有才气,诗歌评语多稀奇。排除干扰做学问,硕果累累心欢喜。临危受命不畏惧,无私奉献忙补习。学子回头温课业,争夺高分谢恩师。

简评:前六句通过"诗歌评语""临危受命""硕果累累"等细节表达对老师的热情赞颂,后两句是谢师的实际行动。

2. 江城子·汤中赠师(周同学)

老师聊发志气狂,左文行,右诗香。衣冠简朴,墨水满胸膛。为现桃李遍天下,亲上阵,教书忙。
年过六旬尚硬朗,鬓微霜,又何妨?晨陪晚伴,未曾怨声扬。古诗评语成佳话,师恩情,生难忘。

简评:小作者模仿苏轼的《江城子 密州出猎》写的一首词,句稚嫩,情真挚。最后让老师感到欣慰。

3. 赠恩师(冯同学)

懵懂少女遇恩师,三年浇灌出奇迹。基础薄弱师不嫌,白昼担忧夜难息。

千日有意筑基础,一丝不苟审文题。生做春蚕织前程,师做红烛笑眯眯。

简评:作者以简洁的语言,描写老师对自己培养的细节和自己的健康成长,使老师感到无比的欣慰。

4. 值得期待的车站——献给丁文宏老师(吕同学)

暮色苍茫,我背着行囊出发
您为我点亮了路上的灯盏
花开,云飞,星光渐渐消散
曙光是将近的车站
辛勤跋涉,只为能做典范
您引领我向新的高峰登攀
希望照亮了我内心的黑暗
鞋面沾满泥泞,却依旧情愿心甘
小路蜿蜒曲折,只为佳音进篮
加速前进,未来是值得期待的车站

简评:老师点亮学生前进路上的心灯,为的是让学生加速前进,传报佳音。

5. 破阵子·为丁文宏老师而作(姜同学)

梦见学子叛逆,醒来挑灯写信。好心情留给学子,好成绩报告领导。不带半根草。

作文辅导有方,心灯点亮天下。了却学生四星梦,赢得家长感激情。先忧而后乐。

简评:这首词以"挑灯写信""作文辅导"等描写写出了老师对学生的付出,表达了对老师的赞颂之情。

6. 感恩老师(李同学)

钉子精神显神奇,文苑书香溢宏志。挺直腰杆逆境出,把握命运不拘泥。
马不停蹄讲奉献,笔耕不辍严律己。心感恩德口不言,学子成才自感激。

简评:前六句是对老师的热情赞颂,后两句表达自己的感激之意。

7. 献给丁文宏老师的诗(王同学)

文艺名师丁文宏,天文地理百事通。勤奋工作忙研究,只为学子考高中。
遇才不舍轻放弃,坚持磨炼才成功。学子感恩培育情,誓为国强争效忠。

简评:前六句写老师的成功之处,后两句写学子的感恩行动。

8. 感谢恩师点心灯(朱同学)

浮云深厚遮望眼,恩师明灯点心间。良药苦口除意乱,忠言逆耳解心烦。
春种桃李三千圃,夏收硕果一万担。任劳任怨多付出;如愿以偿高峰攀。

简评:全诗前四句写老师对学生的辛勤培育,后四句写老师收获的成果。

9. 桃李满天下(张同学)

丁香花开似有意,香气弥漫人尽知。老成持重办法多,发色花白学识奇。
师严道尊人知晓,衣简冠朴调子低。辛勤劳作结硕果,园丁呵护有好戏。
苦尽甜来笑靥开,却知师恩难以报。了却恩师心中事,走遍天下满桃李。

简评:这是一首藏头诗,各句的首字加在一起是"丁老师辛苦了",可见学生的良苦用心。

10. 谢恩师(马同学)

叛逆少女误歧路,智慧恩师引正途。苦心教导不放弃,孤意劝诫有鼓舞。
三年教诲定铭记,千日勤学不畏苦。诗歌评语有创意,学子成才锦绣铺。

简评:全诗结合自身实际,写出了自己的健康成长的历程,表达了对老师辛勤培育的赞颂之情。

11. 写给丁文宏老师的诗(赵同学)

您就像是辽阔清澈的蓝天,
我们就是一朵朵白云,
在您的包容下
飘荡,飘荡;
您就像是明亮皎洁的月亮,
我们就是一颗颗星星,
在您的注视下
闪烁,闪烁;
您就像是一望无际的海洋,
我们就是一条条小鱼,
在您的滋养下
成长,成长。

简评:全诗运用比喻、反复等修辞手法,写出了师生间亲密的关系和自己的成长历程。

12. 致丁老师——很幸运遇见你(郁同学)

你说三年不长,
我想三年不短。
恍惚间,
这不长不短只剩末尾。

一遍遍数着操场的落叶,
莫名有些忧伤。
我还不想毕业,
因为毕业后没有你。

我又有些害怕,

害怕那个金色的六月,
害怕我们泪眼婆娑,
挥手说离别。

有句话想告诉你,
丁老师,我们很幸运,很幸运遇见你。

简评:没有华丽的辞藻,只有通俗的语言,但表达的情感却很真挚。

13. 师情释爱(任同学)

春风化雨润学堂,六旬恩师教书忙。一字一句皆恳切,一分一秒全紧张。
认真授课传知识,真诚劝导语精良。感谢恩师点心灯,四星高中有希望。

简评:前六句塑造一个"真诚劝导""教书忙"的严师形象,后两句表达了一个学生对恩师的感激之情。

14. 师恩同父母(张同学)

恩同父母献爱心,书信交流抒真情。神清气爽享忧乐,山容海纳辨暗明。
昼写夜改著名作,身体力行传佳音。不辞劳苦为桃李,忘餐失寝做园丁。

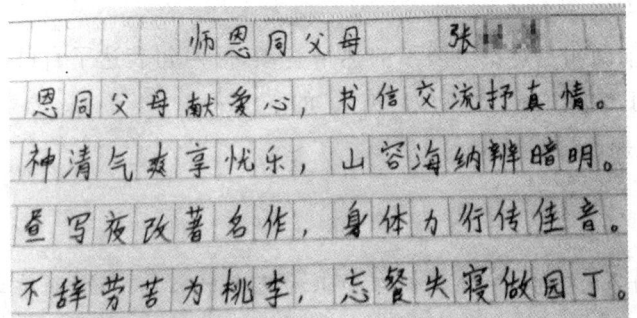

简评:全诗通过具体的描写塑造了一个"恩同父母"的园丁形象,表达了自己对老师的热烈赞颂之情。

15. 发起冲锋 勇立战功——献给丁文宏老师(董同学)

叮咚,叮咚　时间早已敲响中考复习的编钟
扑通,扑通　紧紧的心情实在难以收拢
轰隆,轰隆　军师击鼓,指导我们发起最后的冲锋

虽然我们是无名小卒
但是我们依然充满希望
在那毫无情面的战场上立下赫赫战功
唯有如此,我们才能不负众望
告别母校,告别战友,告别老师恩公
满怀豪情地面对未来苍穹

简评:前面通过一系列的象声词,表达了学子只争朝夕,投入紧张复习,发起最后冲刺的果敢行动,后面表达了自己"不负众望""面对未来苍穹"的豪迈情怀。

16. 咏老师(袁同学)

花甲园丁资质深,为育花朵倾一生。
学子惜时忙补缺,考场不做后悔人。

简评:前两句是对花甲园丁的热情赞颂,后两句表达了自己以"忙补缺"的实际行动,表达了自己"不做后悔人"的坚定决心。

17. 无题(晁同学)

尊敬的丁文宏老师:
　　您是勤劳的蜜蜂,带领我们在知识的花海中采集花粉,酿造出甜美的知识蜜汁;
　　你是智慧的春蚕,带领我们在知识的蚕匾中咀嚼桑叶,编织出洁白的知识蚕茧;
　　您是辛勤的园丁,带领我们在肥沃的土壤中汲取养分,收获到硕大的知识果实;

如果没有您的指引、滋润和浇灌,就没有我们的成熟、努力和成功。

简评:全诗以比喻和排比的修辞手法,写出了在老师的"指引、滋润和浇灌"之下,自己的"成熟、努力和成功"。

18. 颂丁老师(邵同学)

雄伟壮丽的江山,不及您一次深情的教诲;
姹紫嫣红的鲜花,不及您一个灿烂的笑眉;
沁人心脾的花香,不及您一句贴心的安慰。

策马奔腾,是您给予我的满满自信;
春风得意,是您给予我的点点温馨;
苦心孤诣,是您给予我的重重决心。

简评:第一首选取典型细节,运用排比和对比的修辞手法写出了自己对老师辛勤培育的感激;第二首运用排比写自信和决心。

19. 昼与夜(陈同学)

我在白昼醒来,
看艳阳高照在窗外;
内心却一片漆黑,
仿佛到处都充满阴霾。

我在清晨醒来,
一丝丝光亮很帅,
阳光刚刚冲破云层,
好似您温馨的期待。

我在黑夜醒来,
看到繁星闪光争彩;
内心也一片明媚,
精神抖擞奔向美好未来。

简评：三个段落，运用层层深入的手法，写了自己从山重水复的"内心""阴霾"之境，走向柳暗花明的"明媚""美好"之境的变化过程，让人感到充满希望。

20. 赞丁特（尹同学）

名师群里一根钉，出类拔萃正气清。
年过六旬骨气硬，尚为宏业献真心。

21. 赞丁氏回炉法（刘同学）

丁氏回炉妙招狠，挽救一代门下生。了却学子烦心事，赢得媒体传新闻。
挑灯夜战忙出书，只为点亮我心灯。浪子回头忙读书，报答恩师夺高分。

注：丁氏回炉法，是丁老师用在教育教学上的一种监管方法。在教育方法上，针对学生已经养成的不良习惯，采用家访、谈心、通信等不同手段，反复教育，直至学生养成良好的习惯，不达目的，誓不罢休。
简评：全诗抓住老师的教育教学特点，深入挖掘，写出了丁氏回炉法的巨大作用。

22. 感谢丁文宏老师（肖同学）

德才兼备工作迷，整天辛勤育桃李。
圆了四星高中梦，学子设法谢恩师。

简评：诗句前两句写老师的特点，后两句写学子的变化。言简意赅。

23. 为丁老师点赞（徐同学）

钉子精神真稀奇，文学创作现造诣。兢兢业业站末岗，勤勤恳恳打根基。
不辞辛劳忙教学，呕心沥血育桃李。待到金榜题名时，实际行动谢恩师。

简评：全诗的字里行间洋溢着对老师的赞颂之情，体现出浓浓的师生情谊。

24. 老师，辛苦了（李同学）

一番番耕耘施肥

成就了我们成长的沃土
一次次精心播种
奠定了我们坚实的基础
一回回清除杂草
减少了我们做人的糊涂
一趟趟适时施肥
擂响了我们前进的战鼓

您虽然两鬓斑白
但仍如老骥伏枥,毫不服输
写下一首首评语诗歌
指明了我们前进的路途
您常常身先士卒
引导我们带月荷锄
为实现自己的远大理想
不怕吃尽千辛万苦

简评:前面用比喻的修辞手法写老师的工作特点和重要作用,后面写老师人老心红,带领学生奋勇前进。

书写你我他的小故事,传播真善美的正能量

——读丁文宏老师的《点亮心灯》一书有感

中国是人口大国,在这样一个拥有众多人口的发展中国家中,教育问题无疑是各界关注的焦点问题。在中国千千万万所学校中,有一所位于扬州市广陵区的公立学校;在中国千千万万名老师中,有一位教授初中语文的特级教师;在中国千千万万位学生中,有一群就读于这所学校,受教于这位老师的初三学生。《点亮心灯》这本书讲述的就是位于扬州市广陵区的汤汪中学中发生的丁文宏老师和他的学生之间的点点滴滴的小故事。

我是一名应届毕业生,今年8月份刚刚来到汤汪中学负责初一(1)班的语文教学工作和班主任工作。记得第一次遇见丁文宏老师是在学校开学初的第一次班主任工作会议上,那时我正好坐在丁老师的旁边。丁文宏老师主动地和我攀谈起来,他是位年近六旬的老人,态度和蔼可亲,让我内心顿生一股暖流,感到十分亲切。后来在陪学生军训的过程中,丁老师跟我谈到了他的作文辅导,我渐渐感受到他是位在教导学生写作方面颇有建树的老师。再后来,我来到学校正式上班,对丁老师的了解越来越深,他是一位在语文教学领域中声名在外的前辈,我对他也越发崇敬。更令人震惊的是,就在2017年元旦过后没几天,丁文宏老师因为评语诗歌成了赫赫有名的"网红",一时之间,声名大噪,各大媒体纷纷报道、转载丁老师的这一事迹,引来无数人围观与惊叹。我人生中第一次有幸能够与"网红"这样近距离接触,也十分有幸最先拜读了丁老师的最新巨作《点亮心灯》,了解到在"网红"的称号背后,那无数个感人的点滴瞬间,那无数次为学生夜不能寐的操劳,那隐藏在背后的让人心酸的故事。

这是一本记录真人真事真情真感的书。书中的故事发生在丁老师与他退休前所教的最后一届学生之间,从初一到初二到初三,在丁老师的细心教导和循循善诱下,整个班级的学生都发生了巨大的变化。作为江苏省教研室第十一期重点课题"团体辅导对初中留守儿童学习倦怠的干预研究"成果之一,该书记录的案例皆为真人真事,从学生的性格特点到学生的行为变化,从学生的衣食住行到学生的所思所想,从学生的家庭背景到学生的心理状况,从小到大,由内到外,丁老师通过家访、电访、QQ、面对面交流、书信、作文等

方式全方位了解学生,让这些事例真实可信,让这些形象鲜活独特。在这些真人真事的材料书写之中,无不寄予了丁老师的真情真感。丁老师爱生如子,时时刻刻为学生着想,用自己一生的无怨无悔点燃学生心中的那盏心灯,为学生指明前进的方向。他无偿地牺牲自己的休息时间为学生补课;他无偿地为在难挨的酷热中学习的学生提供后勤服务;他无偿地挑灯夜战,为学生书写一封封感人肺腑的书信。因此,书中的字字句句皆为真人真事,都饱含真情真感。

  这是一本弘扬善言善意善心善行的书。教师历来是为人所尊敬的一个职业,但不得不说,要成为一名让学生真心喜欢的好老师是很难的,你的所作所为在学生眼中也许是不受欢迎,甚至是被学生厌恶的。丁老师在教育学生的过程中也遇到了许多类似的问题,书中的那句"宁可让幼稚的孩子骂我三年,决不让成熟的学生恨我一生"颇有冒天下之大不韪的感觉。但丁老师不畏前路的艰辛,披荆斩棘,勇往直前,说善言,秉善意,持善心,行善行,用"善"贯穿始终。那一个个感人至深的故事,那一段段饱含深情的文字,那一幕幕令人难忘的画面,无不凸显着一个大大的"善"字。在教育学生的过程中,丁老师不盲目批评,而是先弄清楚事情的来龙去脉,经常用一种写作文的方式让学生写出心中所思所想,反思自己的所言所行,于"润物细无声"处引导学生向善。书中的语言如实记录了一位六旬教师的善言善意善心善行,无论你是否从事教师这一职业,或许你都可以读读这本书,从这本书中寻找那一缕缕善念。

  这是一本体现美词美句美情美感的书。丁老师是一位文学修养颇深的老教师,酷爱诗歌写作,书中写给每位学生的期末评语诗歌读起来朗朗上口,切合每位学生的实际情况,而且每个学期还会根据学生的表现,征求学生以及家长的意见和建议进行适当的修改,这样三年下来形成的几百首诗歌评语本身就给人一种美的享受。丁老师在书写与学生的故事时文字不仅写的是真人真事,充满了善意善心,更重要的是充满了文学韵味。阅读这本书,你会时不时地被丁老师的名言警句所吸引,如"得意时,不可妄自尊大,要为自己留下一条退路;失意时,不可妄自菲薄,要为自己寻找一条退路";"同窗三载也是缘分,牢记严于律己;恶语半句亦能伤人,切忌出言不逊";"良好习惯造就幸福人生,优异成绩改变穷苦命运"。阅读这些语句,仿佛徜徉在一个美的世界中。书中不仅字词句美,更感人的是丁老师融入文字之中的那种美好的情感,一种无私奉献、无怨无悔的人间大美。

　　读完整本书,我感受颇深,作为一名新教师,我要学习的地方还有很多,从丁老师的《点亮心灯》这本书中,我学到了一些方法,得到了一些感动,懂得了一些道理,悟出了一些真心,希望教学领域能多一些这样的好老师。

丁丹丹（江苏省扬州市汤汪中学语文教师）
2017年1月22日

心灯一盏照天华
——《点亮心灯》读后感

> 玩童天性好玩耍,学不成人身自垮。好树还需勤剪枝,成人理应多拨拉。
> 自然花木本无奇,艺人高裁品才佳。旅途数路有歧正,心灯一盏照天华。

由扬州市特级教师丁文宏老师撰写的《点亮心灯》,是一盏指引学生走向正路的明灯。能引导学生端正认真学习的态度,发扬顽强拼搏的精神,争取突破学习的瓶颈,攀登科学知识的高峰;能启迪家长紧密配合老师,教育孩子学会做人,让孩子健康成长;能让广大教师知道如何关注孩子的一言一行,耐心细致地引导学生不断进步,在各种活动中让学生潜移默化地受到教育。可以说,《点亮心灯》是关注生命成长,关心祖国未来的典范之作。

在《点亮心灯》一书中,我们看到了丁老师刻苦钻研、精心育人、爱生如子、乐于奉献、无怨无悔的精神品质;看到了学生转变学习态度,快速前行后感恩老师的诚挚心情和具体表现;看到了老师面对一群来自五湖四海的孩子,不离不弃,辛勤耕耘,不图回报的崇高精神。

丁文宏老师的评语,写得切合学生实际,不乏鼓舞、激励、牵引、鞭策,真是用心良苦;学生的反馈诗写得情真意切,不乏生动、活泼、阳光,的确积极向上,各抒其志。真是师生拧成一股绳,心往一处想,劲往一处使,持之以恒地向着理想的高中稳步前进。"世上无难事,只怕有心人。""有志者,事竟成。"但不管结果如何,他们都是成功者。

学生的教育问题是一个庞大的系统工程,需要学校老师、学生家长和整个社会的共同努力,需要有高明的设计师进行精心的设计。丁文宏老师呕心沥血写成的《点亮心灯》一书是值得广大教育工作者认真阅读,深入思考,探寻有效教育规律的扛鼎之作。家庭是学生最后的归宿和避风的港湾,家庭的温馨与否,决定着孩子是否幸福和快乐;家庭的环境氛围决定着孩子能否健康成长,能否有光明的未来。"养不教,父子过",在学校,靠老师;节假日在家,就得靠家长了。完全将责任推给老师,那是蛮不讲理的行为,家长应该尽可能地担负起教育的责任。社会是一个大染缸,既有红色的天空,也有灰色的地带,既有正面的影响,更有负面的诱惑。学生的教育没有社会的普遍关注和足够重视是不行的,社会是学生未来的舞台,社会上要演什么戏,学生就会上演什么样的角色。作为教育的主战场,学校教育是学生通往知识殿堂的台阶,教育学生当然责无旁贷。牛犁地尚需教耕,何况懵懵懂懂的孩子学做人呢?丁老师就像园丁,育苗时施肥、除草、治虫、修剪,更像玉雕大师,精心雕琢玉器,虽然任务艰巨,但桃李满天下时,却有一种无法言表的成就感。

丁文宏老师是家长最放心的好老师。现今的社会分工非常明细,绝大多数学生家长迫于自己紧张的工作或繁重的事业压力,无暇顾及(也没有能力顾及)子女的教育培养,但不想让孩子重蹈自己的穷苦覆辙,所以望子成龙,望女成凤,只好把所有希望都寄托在学校教师的身上。教师怎样才能让家长省心、放心,是一门很深的学问。丁文宏老师做得很好,是普通教师心目中的楷模。他通过电话联系、微信汇报、上门家访、长篇书信等手段,及时沟通,全面了解,与家长交友,与学生交心,掌握学生的家庭背景和经济情况,了解家长对孩子教育的思想、观念、方式、方法等,把自己置身于一个亲人、一个长者的位置,是学生的良师益友,是家长知情、知意、知苦、知理的知心人和放心人。

本人作为《点亮心灯》作者——丁文宏老师的一名高中同学,为他在毕生的教育事业中做出的杰出贡献感到羡慕和欣慰,为他在家庭幸福和文学创作上的辉煌成就而感到骄傲和自豪。他在学生时代就一直很优秀,是我们学习的榜样。"人,从小看八十。"这是有一定道理的。他人小心大,家贫志坚,是一个非常有抱负且有能力的青年,现在,他的桃李满天下,他的文章传四海,他是最富有的人,真是:

苦施勤耕育桃李,律诗相赠当评语。字字含情吐期盼,句句留意作嫁娶。
点亮心灯常照耀,优学正道自期许。土豪财富富三代,不及育人气一鼓。

戴万华

◎ 后 记 ◎

俗话说:"心病还需心药治。"《林清玄散文集》中有一篇散文叫《温柔半两》,里面介绍了唐朝的无际大师治心病的良方,无论齐家、治国、学道、修身,必须先用十味药:"好肚肠一条,慈悲心一片,温柔半两,道理三分,信行要紧,中直一块,孝顺十分,老实一个,阴骘全用,方便不拘多少。"真是妙绝。试想,如果我们每个人都有一副好心肠、怀有慈善心,多一分温柔,多讲点道理,对人守信用,对朋友讲义气,孝顺父母,行住坐卧诚信不欺,多行方便于他人,那我们的社会就会平安和谐,我们个人的道德修养就会完满。林清玄说:"对于为善的人,心是甘露法;对于为恶的人,心是万毒根;因此医病当从内心医起,救人当从内心救起。"

今天的孩子,一方面要面对激烈的升学竞争,另一方面要面对电影、电视、电脑、手机等诸多有趣的诱惑,家长对孩子也是欲说不能,欲罢不忍,弄不好,就会造成孩子的逆反心理,常常事倍功半,甚至事与愿违。很多家长显得束手无策。面对没有有效惩戒措施的校园,老师碰到学生"不听话"经常无能为力,所以,有的老师干脆就睁一只眼,闭一只眼,防止自讨没趣,吃不了,兜着走。

面对诸多困境,我也犹豫过,彷徨过。后来,我在2015年第22期《青年文摘》上看到这样一篇文章——《就算站在谷底,也能与你并肩》。文章说的是一个大学毕业回云南老家当了初中老师的小六子最后成功的故事。小六子说:"我人掉山沟里了,心可没有掉下来。"他这粒生命力顽强的种子,就算掉到谷底,还能重新生根发芽,稳扎稳打,奋力攀上山顶。

我从中汲取了前进的力量。作为班主任和语文老师,我认为最好少进行味同嚼蜡的空洞说教,而是要讲一个个生动的教育故事,塑造一个个鲜活的人物形象,把理想的火种撒向学生的心田,让他们在文学的世界里畅游,抒写出积压在心中的真情实感,记录自己的成长历程,在文学的潜移默化的影响下,加上灯油,使自己的心中那盏昏暗的灯光变得更加明亮,完成破茧成蝶的蜕变。

  后来,我将以前写的班主任手记全部整理出来,又读了一些教育家的论著,从中汲取精神的养料。就在我进入学校规定的内退年龄的前两年,应学校请求,我重新申请当班主任,任教语文,利用最后的三年时间,站完最后一班岗,送走这一届关门弟子,不忘初心,想方设法把老师的"爱心"变成学生的"信心",把老师的"耐心"变成学生的"细心",把老师的"恒心"变成学生的"专心",引导学生从幼稚走向成熟,从自卑走向自信,从失败走向成功,为我的教学生涯画上圆满的句号。

  工作中,我注意记下点滴感受,与同事们交流。与我搭班教英语的团委书记丁伟老师看过我的手记后,鼓励我说:"这些文章如果能编印成书,倒是很有价值的。"从此以后,我就有了一种动力,继续挤时间写手记,基本成形以后,我将书稿发至南京师范大学出版社,得到了他们的充分肯定,立即申报选题。两个月以后,姜爱萍编审来电告知,我申报的选题已获批复,可以出版,并由翟桂叶编辑担任本书的责任编辑。我的同事丁丹丹老师放弃了许多休息时间,认真阅读了书稿,不但找出了书稿中的文字和标点的错误,还畅谈了自己的收获,并从一名年轻教师的角度进行了热情洋溢的点赞。我的小学至高中同学戴万华先生也在认真阅读后从社会人士的角度进行了点评。本书出版前又得到了很多领导和专家的关心和支持。扬州市教育科学研究院小学幼教教研室主任、中国教育学会班主任专业委员会主任委员、教育部中小学教材审查委员陈萍女士为本书作序。原扬州市教育局局长余如进先生,曾给全市高级教师题写新年贺词,并同意我将此贺词收录到书中。扬州市委宣传部副部长、扬州市文明办公室主任、原广陵区教育局局长张贵联先生,扬州市教育名师工作室中小学班主任室领衔人、邗江中学副校长金庞先生,扬州市江都区第二中学校长钱晓晴先生,扬州市广陵区霍桥学校校长王端骏先生,扬州市教育学院附属中学校长应爱民先生,扬州市广陵区汤汪中学校长陈根平先生,扬州市广陵区头桥中学校长佘军民先生等热情题词。这里一并表示衷心的感谢。

丁文宏